MANFRED REINER · FRAUEN IN PLOCHINGEN

Zum Autor:
Manfred Reiner, geboren 1926 in Plochingen, war bis zu seiner Pensionierung im Jahre 1986 Lehrer und lange Jahre Rektor der Burgschule Plochingen und der Rohräckerschule Esslingen.

Über 30 Jahre gehörte er dem Gemeinderat der Stadt Plochingen, 20 Jahre dem Kreistag an. Für seine Verdienste erhielt er 1986 das Bundesverdienstkreuz, 1994 die Ehrenmedaille und 1996 das Ehrenbürgerrecht der Stadt Plochingen.

Als Heimatforscher und profunder Geschichtskenner ist Manfred Reiner Autor zahlreicher heimatkundlicher Schriften, insbesondere der Reihe „Plochinger Wegspuren", in denen er die Ergebnisse seiner langjährigen Forschungen um die Geschichte und Kultur Plochingens der Öffentlichkeit vorstellt.

PLOCHINGER WEGSPUREN

Band 5

Manfred Reiner

Frauen in Plochingen

Vom hohen Mittelalter bis Heute

Herba-Verlag Plochingen

Frauen zeigen den Weg in Plochingen:
7 Plastiken des Bildhauers Wolfgang Thiel
stehen als Wegweiser überall in der Stadt.

Impressum:
Herausgeber und Gestaltung: Siegfried Driess
Schriftsatz und Repros: Druck + Service, Plochingen
Druck: HERBA-DRUCK, Plochingen
Buchbinder: Idupa, Owen/Teck

ISBN: 3-87330-108-3

Inhalt

Frauen

Eine gescheite Frau hat Millionen geborener Feinde: – alle dummen Männer.
Marie von Ebner-Eschenbach

Es gibt gewisse Dinge, wo ein Frauenzimmer immer schärfer sieht als hundert Augen der Mannsperson.
Gotthold Ephraim Lessing

Die liebenswürdigste der Frauen wird immer auch die schönste sein.
August von Kotzebue

Die Natur der Frauenzimmer ist so geschaffen, daß sie nicht nach Prinzipien, sondern nach Empfindung handeln sollen.
Georg Christian Lichtenberg

Frauen und Geld regieren die Welt.
Deutsches Sprichwort

Die Frau im Haus, so selber wacht,
aus einem Pfennig zehne macht.
Deutsches Sprichwort

Es ist keine List über Frauenlist.
Altes Testament, Jesus Sirach

Gib einer Frau zehn gute Ratschläge:
Sie befolgt einen elften.
Deutsche Spruchweisheit

Willst du genau erfahren, was sich ziemt,
so frage nur bei edlen Frauen nach.
Johann Wolfgang Goethe

Die Frauen mißtrauen den Männern im allgemeinen zu sehr und im besonderen zu wenig.
Gustave Flaubert

Bei der Frau sind die ersten Gedanken die besten, beim Manne die zweiten.
Italienisches Sprichwort

Wo ein Mann nach einem Ausweg sucht, hat ihn die Frau schon gefunden.
K. Peltzer

Die Frauen sind extrem: sie sind besser oder schlechter als die Männer.
La Bruyére

Viel Weisheit wohnt beim weiblichen Geschlechte: Es trifft beim ersten Blick die Frau das Rechte
Emanuel Geibel

Niemals rede schlecht von Frauen: denn ich sag´s dir, auch die letzte ist der Achtung wert, weil sie es ja sind, durch die wir leben.
Calderon

Ich habe nichts als Worte und es ziemt dem edlen Mann, der Frauen Wort zu achten.
Johann Wolfgang Goethe

Die Frauen haben nicht unrecht, wenn sie sich den Vorschriften nicht fügen wollen, welche in der Welt eingeführt worden sind, ohne die Frauen zu fragen.
Montaigne

Ein edler Mann wird durch ein gutes Wort der Frauen weit geführt.
Johann Wolfgang Goethe

Ein Mann glaubt zu wissen, aber die Frau weiß es besser
Chinesisches Sprichwort

Wo wäre die Macht der Frauen, wenn die Eitelkeit der Männer nicht wäre?
Marie von Ebner-Eschenbach

1797: Unser Landsmann Friedrich Schiller über die Frauen

Ehret die Frauen! sie flechten und weben
himmlische Rosen ins irdische Leben,
flechten der Liebe beglückendes Band,
und in der Grazie züchtigem Schleier
nähren sie wachsam das ewige Feuer
schöne Gefühle mit heiliger Hand.

Ewig aus der Wahrheit Schranken
schweift des Mannes wilde Kraft;
unstet treiben die Gedanken
auf dem Meer der Leidenschaft;
gierig greift er in die Ferne,
nimmer wird sein Herz gestillt;
rastlos durch entlegne Sterne
jagt er seines Traumes Bild.

Aber mit zauberisch fesselndem Blicke
winken die Frauen den Flüchtling zurücke,
warnend zurück in der Gegenwart Spur,
in der Mutter bescheidener Hütte
sind sie geblieben mit schamhafter Sitte,
treue Töchter der frommen Natur.

In der Männer Herrschgebiete
gilt der Stärke trotzig Recht;
mit dem Schwert beweist der Skythe[1],
und der Perser wird zum Knecht.
Es befehden sich im Grimme
die Begierden wild und roh,
und der Eris[2] rauhe Stimme
waltet, wo die Charis[3] floh.

Aber mit sanft überredender Bitte
führen die Frauen den Szepter der Sitte,
löschen die Zwietracht, die tobend entglüht,
lehren die Kräfte, die feindlich sich hassen,
sich in der lieblichen Form zu umfassen
und vereinen, was ewig sich flieht.

1 Angehöriger eines nordiranischen Reitervolkes
2 Göttin der Zwietracht
3 eine der griechischen Göttinnen der Anmut

Wo sind die Frauen in Plochingens Geschichte?

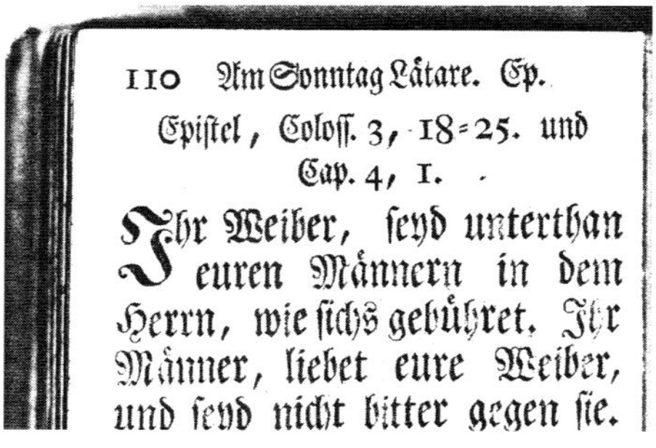
110 Am Sonntag Lätare. Ep.

Epistel, Coloss. 3, 18-25. und Cap. 4, 1.

Ihr Weiber, seyd unterthan euren Männern in dem Herrn, wie sichs gebühret. Ihr Männer, liebet eure Weiber, und seyd nicht bitter gegen sie.

Aus dem 1702 vom „Ihro Hochfürstlichen Durchlaucht Würtembergischen Consistorial-Rath „ herausgegebenen Buch: „Sonn-, Fest- und Feyertägliche Evangelien und Episteln“

„Ihr Weiber, seyd unterthan euren Männern“

Es ist kein leichtes Unterfangen, über die Frauen in der Plochinger Geschichte zu schreiben. Beim Durchsuchen der Folianten des Stadtarchivs geht es einem wie dem Goldsucher, der unablässig weiterarbeitet und trotz vieler vergeblicher Versuche die Hoffnung auf einen Fund nicht verlieren darf.

In den Bänden und Urkunden vom Mittelalter bis in die Neuzeit des beginnenden 20. Jahrhunderts hinein wird überdeutlich, daß die Frauen in der patriarchalischen Gesellschaft nur die Anhängsel der Männer gewesen sind und im öffentlichen, kirchlichen und privaten Leben stets nur in der hinteren Reihe standen.

Ganz selten erwähnen die Plochinger Gerichtsschreiber bei der Fertigung der Protokolle die Frauen. Und wenn es geschieht, so können wir dann heute von „Karl-Ludwigs Weib“ oder von „Hannß Lutzen Wittib“ lesen. Ab und zu taucht dann doch auch der Vorname der Frau auf: „Caroline, des Hannß Köblins Weib“.

Schon durch diese üblichen Nennungen in den Schriftsätzen erfahren wir, daß auch in Plochingen die Frauen wohl vor Gott gleich, aber auf Erden nur Gehilfinnen und Gattinnen der Männer gewesen sind, deren Leben sich im Haus, auf dem Acker und im Weinberg abspielte. Von der Teilhabe am öffentlichen Leben waren die Frauen weitgehend ausgeschlossen und hinterließen deshalb im Stadtarchiv kaum Spuren.

Keine spektakulären Aktionen

Wir kennen in Plochingen auch keine so spektakuläre Frauenaktionen, wie etwa die Geschichte der Weinsbergerinnen, die im hohen Mittelalter, im Jahr 1140, bei der Belagerung dank der königlichen Milde des Stauferkönigs Konrad III.[4] auf ihrem Rücken das davontragen konnten, was sie zu schleppen imstande waren. Und dabei war dann den treuen Weinsberger Weibern nicht etwa ihr Hausrat wichtig. Sie trugen das, was sie am liebsten hatten, ihre Männer, aus dem Belagerungsring hinaus. Und die Weinsberger Burg bekam durch diese Frauengeschichte dann im 18. Jahrhundert ihren schönen Namen „Weibertreu".

Wir kennen in Plochingen auch keine so markante Frauengestalt wie etwa die Barbara Walch-Künkelin von Schorndorf, die einen Aufstand der Weiber von Schorndorf organisierte, als 1688 der berüchtigte französische General Melac die Stadt belagerte. Sogar die Geschichtsschreibung des 18. und 19. Jahrhunderts, in der die Frauen üblicherweise gar keine Rolle spielten, hat die mutige und energische Schorndorfer Frau über die Maßen gelobt und gewürdigt. Gedichte und Theaterstücke wurden über Barbara Walch-Künkelin verfaßt.
Eine Gesandschaft aus Stuttgart hatte damals den Schorndorfern zu einer Kapitulation geraten. Die Frauen haben aber angeblich, das Schorndorfer Rathaus stürmend, die Fortsetzung des Widerstands gefordert. Melac habe daraufhin wenige Tage später die Belagerung der Stadt abgebrochen.

Die Weiber von Weinsberg

4 Dem Stauferkönig Konrad III. verdankt Plochingen seine erste urkundliche Nennung in dem Würzburger Vertrag vom 21. November 1146. Übrigens wird im gleichen Jahr 1146 auch die mit Plochingen freundschaftlich verbundene Gemeinde Grindelwald im Berner Oberland durch eine Urkunde Konrads III. erstmalig erwähnt.

Die Weiber von Schorndorf stürmen das Rathaus

Keine Hexenverfolgung

Gott sei Dank kennt auch die Plochinger Lokalgeschichte keine der so schlimmen Hexenexcesse, wie sie sich beispielsweise vom 16. bis zum 17. Jahrhundert in Esslingen und damit auch in den Filialgemeinden der Freien Reichsstadt, also auch in unserer Nachbargemeinde Deizisau, abgespielt haben.
Noch heute tragen die Deizisauer den Spitznamen „Hexafanger". Die Furcht vor einer damals immer drohenden Denunziation hatte sich in die Seelen der Deizisauer ganz tief eingeprägt. Insbesondere zwischen 1662 bis 1665 erlebten die Reichsstädter und ihre Filialen unter dem Esslinger Ratsadvokaten Daniel Hauff eine Welle von Hexenprozessen und Hinrichtungen. In 75 Prozessen gegen diese vermeintlichen Hexen starben 37 auf dem Scheiterhaufen in der heutigen Pliensauvorstadt. Dabei praktizierten die „humanen" Reichsstädter noch eine ganz besondere Hinrichtungsart. Die angeblich weniger belasteten Todeskandidaten bekamen zur Todeserleichterung einen Kranz mit Pulversäckchen um den Hals gebunden. Die hochzüngelnden Flammen brachten das Pulver zur Explosion und die Verurteilten zur Bewußtlosigkeit.

Eine weitere Esslinger Besonderheit dabei war, daß unter den insgesamt 37 Menschen, die in diesen Jahren auf dem Scheiterhaufen endeten, 14 Frauen und 23 Männer waren.
Es ist immer noch ein Rätsel, warum in Esslingen und seinen reichsstädtischen Filialgemeinden besonders häufig die Männer auf dem Scheiterhaufen verbrannten, während anderswo der Frauenanteil an den Opfern gewöhnlich bei 75 Prozent lag.

Hexenelend

Das württembergische Plochingen blieb also im Gegensatz zum reichsstädtischen Deizisau von solchen schrecklichen Auswüchsen glücklicherweise verschont und unser Stadtarchiv kennt keine diesbezüglichen Prozeßakten.

Solche Berichte wie die von Weinsberg, Schorndorf oder Esslingen finden sich also in den Plochinger Archivalien nicht.

Man muß lange suchen, bis man etwa im mittelalterlichen Plochingen um das Jahr 1300 auf die Jute von Plochingen trifft, die Äbtissin des Klosters Lichtenstern bei Löwenstein gewesen ist. Auch erfährt man aus dem Jahr 1350 von der tüchtigen Adligen Adelheid von Härtinswiler „dicta Zölnerin", die an der Plochinger Heerstraße oberhalb der heutigen Schillerstraße ihre Burg hatte und für die Herren von Plochingen am „Lederlesbrückle"[5] die Zollgeschäfte erledigte.

Durchweg tauchen in den mittelalterlichen Aufschrieben nur adlige Plochinger Frauen auf, etwa, wenn sie sich mit einem anderen Vornehmen verheiratet haben. So erfahren wir aus den alten Urkunden z. B. von der Petrissa von Plochingen, daß sie 1282 und 1283 als Witwe des Edlen Otto von Roßwag[6] Grundstücke in Illingen und Nußdorf verkauft hat. Aus dem Jahr 1371 vernehmen wir, daß Konrad von Randeck[7] eine Gemahlin aus dem Geschlecht derer von Plochingen hatte. Ihren Vornamen allerdings verschweigen die Urkunden.

5 An der Einmündung der Schillerstraße in die Esslinger Straße
6 bei Vaihingen/Enz
7 Ein Enkel Heinrichs von Randeck, der ein Bruder des ehemaligen Plochinger Ortsherrn und Patriarchen Marquardt von Randeck war.

Mittelalterliche Leitbilder

Auch in Plochingen gehörten im Mittelalter, in einer Zeit, wo die körperliche Kraft allenthalben dominierte, die Frauen praktisch zur beweglichen Habe. Leitbild war die Herrschaft des Herrn über die Frau und die Vasallen. Die Frau, angeblich von Natur aus verderbt, galt als die Bringerin der Sünde und war dem Manne an Seele und Leib gefährlich. Auch die starke Frau, so schreibt Georges Duby in seinem Buch „Frauen im zwölften Jahrhundert", vermochte nach der Meinung des mittelalterlichen Mannes „nicht die wahre Richtung des Lebens zu erkennen, da sie geistig unfähig, fehlerhaft und geistlich verderbt sei und nur unter Leitung des Mannes ein richtiges Dasein bewältigen könne".

Wenn auch dann im beginnenden 13. Jahrhunderte sich allmählich eine kulturelle Erneuerung anbahnte und die weiblichen Werte mehr ins Blickfeld traten, war doch auch weiterhin die Frau „ohne Stimme". Die Herrschaft des Mannes blieb auch in Plochingen weiterhin bestehen.

Schweigsam zwischen Haus und Kirche

Auch in den ersten Jahrhunderten der Neuzeit, ja bis in die erste Hälfte des 20. Jahrhunderts hinein, schloß die Geschichtsschreibung in Plochingen wie überall im Land den weiblichen Teil der Bevölkerung weitgehend aus. Frauen hinterließen hier nur ganz wenig Spuren in den Archivalien. Der Zugang zum poli-

Und drinnen waltet die züchtige Hausfrau

tischen Leben der bürgerlichen Gesellschaft war ihnen versperrt.
Im evangelisch gewordenen Württemberg hatte „seit dem Sündenfall die Frau das Recht auf das Regiment verloren“. Auch in der Kirche blieb das Wort ein männliches Monopol. Und sogar in den vielen evangelischen Gemeinschaften waren, obwohl der Frauenanteil „an der Stond“ immer sehr hoch war, als Prediger nur die Männer, die Brüder, berufen. Erst 1968 wurde bei uns in der evangelischen Kirche der Weg für Theologinnen auf der Kanzel zur Verkündigung des Worts endgültig frei.

Wenn hier immer nur von der evangelischen Kirche und den evangelischen Gemeinschaften die Rede ist und die katholische Kirche ausgespart bleibt, so hat dies einen ganz einfachen Grund. Die katholische Kirche spielte in Plochingen bis in das 19. Jahrhundert hinein keine Rolle. Im Jahr 1800 gab es unter den 1281 Einwohnern 2 Katholiken, 1815 unter 1464 Plochingern nur einen, welcher der römisch-katholischen Kirche angehörte. Noch 1845 zählte Plochingen 1878 evangelische und nur 6 katholische Einwohner. Erst mit dem Zuzug vieler katholischer Eisenbahner vom Ende des 19. Jahrhunderts an, wurde es möglich, daß die Plochinger Katholiken einen „besonderen Seelsorgebereich“, eine sogenannte Expositur, zusammen mit den Katholiken aus Baltmannsweiler, Reichenbach, Hohengehren, Reichenbach und Ebersbach im Wernauer Antoniushaus im Jahr 1908 bekamen. Erst 1910 konnte auf Veranlassung des Rottenburger Bischofs ein Teilkirchenstiftungsrat für die durch den Bau des neuen Plochinger Bahnhofs und der großen Güterumladestelle gewachsenen Diasporagemeinde Plochingen bestellt werden.

**„Männer haben eine breite Brust
und kleine Hüften,
darum haben sie auch mehr Verstand
denn die Weiber,
welche enge Brüste haben
und breite Hüften und Gesäß,
daß sie sollen daheim bleiben,
im Haus still sitzen, haushalten,
Kinder tragen und ziehen“.**

Martin Luther hat die schlimmen Vorurteile gegen die Frauen in der beginnenden Neuzeit mit seinen deftigen Worten ironisierend zusammengefaßt und verurteilt.

Der württembergische Staat, der Herzog, der König und alle staatlichen Hoheitsträger bestimmten im wesentlichen recht gerne mit Hilfe der damals gängigen Bibelauslegungen der evangelischen Kirche über viele Jahrhunderte hinweg das Leben auch im Marktflecken Plochingen. Die dadurch im 17. und 18. Jahrhundert gesetzten Normen über die Stellung der Frau in der Gesellschaft wurden allenthalben in diesem streng patriarchalisch geordneten Lebenskreis praktiziert.

In der Kirche saßen auch in Plochingen die Frauen stets unten. Dort war nach traditionellen und jahrhundertelang gültigen Trennungsprinzipien, so schreibt Professorin Dr. Christel Hezinger, der Platz der Frauen. Die Männer saßen im Gotteshaus auf dem Plochinger Kirchberg auf der Herren- oder auf der Magistratsempore. Nur selten verirrte sich ein Mann nach unten zu den Frauen.

Besser könnte man wohl die Situation der Frauen in dieser Zeit gar nicht darstellen.

1721 beschrieb der Esslinger Pfarrherr Magister Ludwig Carl Ditzinger das bis noch in die Anfänge des 20. Jahrhunderts hinein gebräuchliche Bild der Hierarchie zwischen den Geschlechtern im durch und durch pietistisch gesinnten Württemberg so:
„Ein freundlich Weib erfreuet ihren Mann, und wenn sie vernünftig mit ihm umgehet, erfrischet sie ihme sein Hertz". Das Weib borgt ganz vom Manne den Glanz und nach der Sonne ganz allein richtet sich ihr Mond-Schein".
Cornelia Mack kommentiert dies in der Schrift „Esslinger Frauenweg", Folge 3, so:
„ Der Mann war also die Sonne, die Frau der Mond. Nach außen wurde die Frau vom Mann repräsentiert, im Haus hatte die Frau das Sagen, wobei sie sich auch dort ihm unterordnen mußte".
Die Frau war die „Husfrowen", die Frau im Haus, die für die Familie, für ihren Mann und für ihre Kinder zu wirken hatte. Neuerdings liest man immer öfters die Berufsbezeichnung „Familienfrau". Dabei wird eigentlich nur die alte Bedeutung von „Haus" wieder lebendig. Unter „Haus" wurde ursprünglich ja „Familie und Sippe" verstanden. Wir kennen das heute noch in dem Begriff „Herrscherhaus". Erst später verstand man dann unter „Haus" im engeren Sinne die Wohnstatt, das Haus der Familie.

Die Knaben saßen oben, die Mädchen unten, auch in der Schule.

Ottilie Wildermuth , Justinus Kerner und Schillers 100. Geburtstag

Schon kleine Abweichungen vom Modell züchtiger, tüchtiger Weiblichkeit, so bekannte 1859 Ottilie Wildermuth, waren damals den Heiratschancen wenig förderlich. „Das bedenkliche Gerücht, daß ich Verse mache, hatte natürlich jedweden praktischen Mann abgeschreckt“ schrieb sie an Justinus Kerner.

Einige Jahre zuvor, 1853, hatte der Weinsberger Schwabendichter und Oberamtsarzt eine gereimte Fehde mit Ottilie Wildermuth, der meistgelesenen Schriftstellerin ihrer Zeit, mit folgendem allgemeinen und ganz ungalanten Ratschlag über schreibende Frauen begonnen:

„Dein Rührlöffel aus Lindenholz,
liebes Weibchen, bleibe dein Stolz!
Besser dir steht er,
als die Gansfeder[8],
rupfe und brate die Gans nur fein.
Aber die Federn der Schwinge
bringe dem Mann hinein“.

Und die schon damals hochverehrte Schriftstellerin Ottilie Wildermuth gestand auch einmal ganz im Sinne ihrer Zeit ein, sie fühle sich durch ihre vielen erfolgreichen Bücher nicht entbunden von den eigentlichen Frauenpflichten. Wenn sie wählen müßte „zwischen dem Schriftstellertum und der häuslichen Zufriedenheit, so wolle sie doch lieber das letztere wählen.“.
Eine erfolgreiche Frau im pietistischen Württemberg!

Ganz typisch für Wildermuths Zeit ist auch, daß die Dichterin für die große

8 mit Gänsefedern schrieb man

Ottilie Wildermuth 1817 - 1877

Tübinger Schillerfeier zum 100. Geburtstag des Dichterfürsten 1859 gebeten worden ist, einen Frauentoast auf Schiller zu verfassen. Ihre Lobesworte auf ihren Landsmann Friedrich Schiller durfte sie aber beim Festmahl nicht selbst verlesen. Professor Schütz hat sie den versammelten Männern vorgetragen. Zuvor hatte Schütz an Ottilie Wildermuth geschrieben:
„Der Zudrang der Männer ist so groß, daß sich für diese im Museumssaal kaum Platz finden wird“. Und für eine Frau natürlich erst recht nicht.

Justinus Kerner 1786 - 1862

Wohltätigkeit
„Ich bin hungerig geweßen, ihr habt mich gespeißet“
1635

Wohltätigkeit

Recht gerne haben Kirche und Staat den Frauen eine wichtige Aufgabe bei der Wohltätigkeit zugeschoben, weil dies ja eine angemessene Tätigkeit für die Weiblichkeit sei. So finden wir im Plochinger Stadtarchiv in den Protokollen des 17. bis 19. Jahrhunderts bei Hungersnöten, Erntekatastrophen usw. immer sogenannte spontan gebildete Wohltätigkeitskomitees oder Wohltätigkeitsvereine, welche die Ortsarmen zu unterstützen hatten und die Hilfsbedürftigen auf „zweckmäßige Weise“ beschäftigen sollten.
So z. B. auch in den schlimmen Teuerungs- und Notjahren 1816/17. Am 26. Januar 1817 wurden die Frauen wegen Unterstützung kranker und gebrechlicher Personen mit Essen und auch wegen der Einrichtung einer Spinnanstalt auf das Rathaus berufen, damit man sich durch die Unterstützung armer Mitbürger durch freiwillige Beiträge wie allerorten auch anheischig mache und den Haus- und Gassenbettel der Einheimischen wie Fremden gänzlich abschaffen könne“.

Diesem Wohltätigkeitsverein gehörten folgende Frauen an:
Frau Posthalterin Graff, Frau Amtmann Schloßberger, Frau Generalin Theobald, Frau Pfarrerin Nast, Frau Lammwirt Kauffmanns Wittib, Frau Förster Schwarz, Frau Sonnenwirt Hennes Wittib, Frau Kaufmann Nöttling, Frau Burgermeister Endriß, Frau Metzger Christoph Endriß, Frau Substitut Schwarz, Frau Gerichtsverwandter Roos, Frau Kronenwirt Bürklen, Frau Andreas Endriß, Frau Burgermeister Bauer, Frau Chirurgus Ferdinand Lütze.

Mit der Führung dieses durchweg mit Frauen besetzten Wohltätigkeitsvereins wurde aber ganz selbstverständlich ein Mann, nämlich der Amtmann und Amtsschreiber Schloßberger, betraut. Damit hatte alles wieder seine richtige Ordnung. Typisch ist auch die Liste der Mitgliederinnen: Jede Frau ist mit dem Titel und manchmal noch mit dem Vornamen des Mannes benannt. Die Vornamen der Frauen waren ohne jeden Belang und nicht erwähnenswert.

Die Plochinger Schwesternschaft im Kriegslazarett Burgschule

Plochinger Frauen als Rot-Kreuz-Schwestern im Lazarett Burgschule 1915

Schwester Ida Endriß Tochter der Berta Wilhelmine und des Speisewirts Karl Ludwig Endriß von der Metzgerei und Gastwirtschaft „Ochsen" (heute Am Fischbrunnen 8 – Volksbank)

Beim Empfang eines Lazarettzugs auf dem Plochinger Bahnhof

Irrungen und Irrwege

Schultheiß Johannes Fink

Johannes Fink war seit 1829 Schulmeister zu Plochingen. Er kam einst aus Weidenstetten nach Plochingen. Weidenstetten liegt zwischen Amstetten und Langenau, wo die Stubersheimer Alb und die Niedere Alb zusammentreffen. Der junge Lehrer Fink hatte mit der Metzgerstochter Rosine Endriß sein Lebensglück gefunden und lebte mit ihr im schwiegerelterlichen Gasthaus zum Ochsen am Fischbrunnenplatz dort, wo heute die Volksbank ist. Der Provisor Fink unterrichtete im Schulhaus hinter der Kapelle ständig 109 Kinder und war im Marktflecken beliebt und angesehen.

Als dann zu Beginn des Jahres 1839 in Plochingen wieder einmal die Schultheißenwahl anstand, war es nicht weiter verwunderlich, daß der Schulmeister für dieses wichtigste Dorfamt nominiert worden war. Mit großer Mehrheit ist dann auch Fink zum 42. Plochinger Schultheißen von den „Gemeinsleuten", dem gemeinsam tagenden Gericht und Bürgerausschuß gewählt worden. Schultheiß Fink hat sein Amt bis zu seinem Tod im Jahr 1870, also 31 Jahre lang, versehen.

Fink war ein aufrechter, frommer und gottesfürchtiger Mann, ein württembergischer Bilderbuch-Schultheiß, fleißig, rechtschaffen und unnachsichtig, wenn es galt, Gesetz, Zucht und Ordnung seiner Zeit zu verteidigen.

Der Gipfel der Mißachtung der Ortsobrigkeit war für den Schultheißen Fink erreicht, als sich einige Bürger anschickten, ihre Frauen zum schultheißlichen Termin auf das Rathaus zu schicken. So etwas konnte und wollte der Ortsvorsteher nicht durchgehen lassen. Wo käme man denn da hin, wenn die Weiber mit der Obrigkeit Rechtsangelegenheiten besprechen dürften!

Am Sonntag, den 10. Mai 1846 verkündigte Schultheiß Fink der nach dem Vormittagsgottesdienst unter den Lauben des Rathauses in der Neccargasse versammelten Bürgerschaft mit kräftiger und drohender Stimme:

„Es kommt häufig vor, daß bei Schultheißenamtlichen Vorladungen entweder die Vorgeladenen gar nicht erscheinen, oder aber häufig die Weiber schicken. Da dies Benehmen den Geschäftsgang stört, über dies man veranlaßt ist, 2mal vorladen zu müssen, so wird für die Zukunft verfügt, daß ein solches Benehmen mit einer Ungehorsamsstrafe von 1 Gulden gerügt werden müßte."

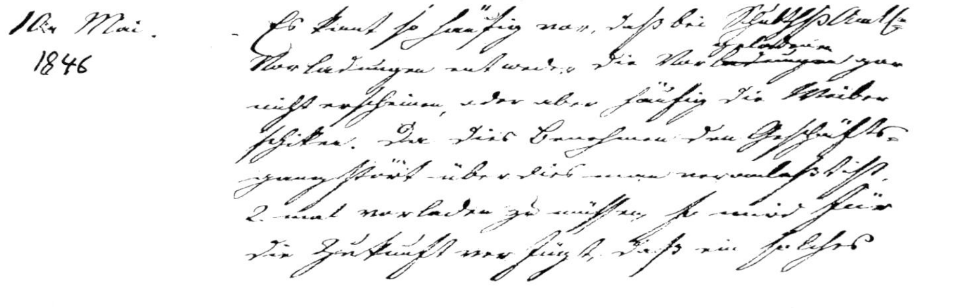

Und niemand, keine Frau und kein Mann, hat nach dieser Verkündigung welche die Frauen expressis verbis vom Rathaus verbannte, widersprochen. Niemand hat sich darüber erregt und geärgert. Zumindest haben sich die Bürgerinnen und Bürger öffentlich darüber nicht zu äußern gewagt; denn diese schultheißliche Verlautbarung lag in der damaligen durch und durch pietistischen und noch im strengen Biblizismus[9] verhafteten gängigen Plochinger Ordnung, der sich Pfarrherr, Schultheiß und auch der letzte Wengerter zu fügen hatte.

Die Besonderheiten des schwäbischen Pietismus

Der gegen Ende des 17. Jahrhunderts nach der richtungweisenden Schrift Speners entstandene Pietismus, diese tief wirksame religiöse Bewegung des deutschen Protestantismus, hatte eine aus der Praxis christlichen Lebens und Handelns kommende Erneuerung der Kirche, eine „neue Reformation" zum Ziel. Der Pietismus fand rasch auch in Plochingen, wie im ganzen protestantischen alamannischen Raum großen Anklang. Mit ihren führenden Vertretern Johann Albrecht Bengel und Christoph Friedrich Oetinger beeinflußte die Glaubensbewegung merklich das religiöse und öffentliche Leben im württembergischen Plochingen des 18., 19. und bis ins 20. Jahrhundert hinein.

Die Pietisten strebten die getreue Ausübung des Glaubens und die Trennung von Staat und Kirche an. Doch die staatliche Verwaltung nahm mit Freuden die ihr genehmen Thesen dieser Lehre für die öffentlichen Zwecke an. Der Pietismus wollte das Wirken Gottes in der Welt deutlicher erkennen. Mit Hilfe der Bibel, der eigenen Geschichte und der Erforschung der Natur versuchte er genaue Vorstellungen über die Zukunft der Menscheit abzuleiten.

Der besondere schwäbisch-alamannische Pietismus, der vordergründig zunächst nur Einschränkung und Enge zu vertreten schien, wurde auch in Plochingen, wie im ganzen Württembergischen, durch seine positive Bewertung der Arbeit, des Fleißes, der Beständigkeit, der Pünktlichkeit und der Sparsamkeit zur Triebfeder der entstehenden bodenständigen und vielfältigen industriellen Feinmechanik. Erinnert sei hier nur an Philipp Matthäus Hahn, den pietistischen Pfarrherrn, Erfinder, Mathematiker und Begründer der feinmechanischen Produktion. Die Feinmechanik bedeutete Veredelung und damit auch das schnelle Wachsen einer hochwertige Waren fertigenden Produktion.

Eine Neigungswaage von Philipp Matthäus Hahn.

9 Biblizismus: Im Gegensatz zur historisch-kritischen Bibelforschung ein Umgang mit der Bibel, der ein rein wörtliches Verständnis der Bibelworte vertritt, alles wortwörtlich nimmt. Dabei wird der geschichtlichen Tatsache, daß jeder Text für die Zeitgenossen seiner Entstehung verfaßt wurde, bei der Bibel als Offenbarungswort keine Geltung beigemessen.

Die Eigenständigkeit des frühen schwäbischen Pietismus erwies sich aber auch durch die treue Pflege eines spekulativen Biblizismus. Dabei hat ein rein wörtliches Verständnis der Bibelworte, z.B. in den Briefen des Apostels Paulus, das Leben im ganzen Ländle und im Marktflecken Plochingen lange geprägt. Diese seinerzeit gängigen Bibelauslegungen taten besonders bezüglich der Stellung der Frau in der Gesellschaft bis in dieses Jahrhundert hinein ihre Wirkung. Und wir wissen ja, daß diesbezüglich auch die römisch-katholische Kirche bis heute noch ihre klärungsbedürftigen Fragen hat.

Reinhard Hedinger,
der H. Schrift Doctor,
Ihro Hochfürstlichen Durchlaucht
Würtemberg, Consistorial Rath
und Hofprediger,
geb. 1664, 7. September
gest. 1704, 28. December

Hofprediger D. Reinhard Hedinger und seine Auslegungen

Großen Einfluß hatte im Württembergischen der Konsistorialrat und Hofprediger D. Reinhard Hedinger mit dem von ihm 1703 herausgegebenen „Neuen Testament des Herzogthums Württemberg" und mit den von ihm jeweils beigefügten Auslegungen der einzelnen Bibelstellen. Diese Hedingerischen Erläuterungen wurden einst in Plochingen als zwingende Gebote betrachtet und über Jahrhunderte hinweg wirkungsvoll tradiert.

Beispielhaft seien hier nur einige Verse aus den Korintherbriefen mit der jeweiligen zeitgenössischen Auslegung aus dem frühen 18. Jahrhundert zitiert:

I. Korinther 11,3

3. Ich lasse euch aber wissen/ daß Christus ist eines jeglichen (b) mannes haupt; der * mann aber ist (c) des weibes haupt: ** GOtt aber ist Christus haupt.

Auslegung:
Haupt ist das vornehmste glied des leibes / hat ehre / geist und kraft vor andern / die es regieret: So / will Paulus sagen / regier der mann das weib / wie beyde-
Christus. Jeder theil in seiner ordnung. Jener im leiblichen / dieser im geistlichen.

I. Korinther 11,5 bis 10

5. Ein weib aber / das da betet oder (e) weissaget mit unbedecktem haupt / die (f) schändet ihr haupt: denn es ist eben so viel / als wäre sie † (g) beschoren.
† 5. Mos. 21 / 12. 13.

6. Will sie sich nicht bedecken / † so schneide man ihr auch das haar ab. Nun es aber übel stehet / daß ein weib verschnittene haare habe / oder beschoren sey / so lasset sie das haupt bedecken.
† 4. Mos. 5 / 18.

7. Der mann aber soll das haupt nicht bedecken / sintemal * er ist GOttes (h) bild und ehre; das weib aber ist des mannes ehre.
* 1. Mos. 1 / 27.

8. Denn * der mann ist nicht vom weibe / sondern das weib ist vom manne.
* 1. Mos. 1 / 18. 21.

9. Und der mann ist nicht geschaffen um des weibes willen / sondern das weib um des mannes willen.

10. Darum * soll das weib eine (i) macht auf dem haupt haben /

Auslegung:
4. Ein entblößtes haupt war bei den Griechen und Römern ein merckmahl der freiheit und ehre. Und obgleich bei den opffern die priester bedeckt sein mußten / als knechte des abgotts; auch ob man schon den freigewordenen zwar zum zeichen dessen einen hut aufgesetzt: So weiß man doch / daß vornehme leute / Kaiser und Könige / unbedeckt gewesen. Dieses führet Paulus an / zu beweißen / daß der mann / als des weibes herr / I. Petr. 3 / 6. Eph. 5 / 22. (an welcher Stelle zwar auch Christus der Herr kan verstanden werden / verglichen mit Eph. 6 / 5.) offen am haupt / zum zeichen seiner würdigkeit / das weib aber / zum beweiß ihres gehorsams / bedeckt sein solle.

I. Korinther 14, 34 u. 35

VIII. 34. Eure * weiber lasset (gg) schweigen unter der gemeine / denn es soll ihnen nicht zugelassen werden / daß sie reden / sondern ** (hh) unterthan seyn / wie auch das gesetz saget.

35. Wollen sie aber etwas lernen / so lasset sie daheim ihre männer fragen. † Es stehet den weibern übel an / unter der gemeine reden. † O. 11 / 10. 13.

Auslegung:
Aber: Sollen in der ordnung bleiben / und sich keines lehrens / wider die ehrgebühr ihrer männer und des Herrn gebot / I. Tim. 2 / 12. anmaßen.

Die heutigen Auslegungen

Wen wundert es da noch, daß wir im Stadtarchiv über Jahrhunderte hinweg praktisch nur von den Taten der Männer erfahren?

Zu tief hatten sich im alamannischen Raum die als konkrete Handlungsanweisungen geglaubten paulinischen Worte bei den Frauen und Männern eingeprägt. Die fatale Wirkungsgeschichte des Schweigegebots aus dem 1. Korinther 14, 34 und 35 „Das Weib aber schweige in der Gemeinde" ist sicher noch nicht ganz zu Ende, obwohl dieses dem Apostel zugeschriebene Wort gar nicht in seine Theologie und in die Gemeindepraxis seiner Zeit paßt. Ein Drittel der paulinischen Mitarbeiter waren den Männern völlig gleichgestellte Frauen. In Galater 3, 28 betont Paulus, daß es in Christus weder Juden noch Griechen, weder Knecht noch Freie, weder Mann noch Frau gäbe.

Vermutlich ist dieses Schweigegebot aus dem Timotheusbrief (1. Tim. 2, 12 f.) als „Eindringling" in den Korintherbrief geraten. Der Timotheusbrief ist ja ein Brief der späten Zeit, der gar nicht von Paulus selbst stammt und nur ihm zugeschrieben wurde.

Die heutige Auslegung dieser Handlungsanweisung durch die Kammer für Theologie der Evangelischen Kirche in Deutschland von 1992 geht davon aus, daß damals in christlichen Gottesdienstversammlungen Ehefrauen bei der gemeindlichen Besprechung von Schrift und Prophetie es gewagt haben, anderen Ehemännern Fragen zu stellen. Solches Verhalten widersprach aber dazumal jeder Sitte und jedem Brauch und wurde deshalb beim Timotheus- und Korintherbrief gerügt und untersagt. Es sei vielleicht auch anzunehmen, daß diese Frauen mit zahlreichen Zwischenfragen und mit ihrer Disputierfreudigkeit in den Augen des Apostels den geordneten Ablauf der Gemeindeversammlungen störten und durch die Briefworte ermahnt worden seien, sich in die Ordnung des Gottesdienstes einzufügen und ihr Informationsbedürfnis im häuslichen Bereich zu stillen.

Barbara Schneider, geborene Mayer, in ihrem 65. Lebensjahr (1859). Ehefrau des Bauern und Weingärtners Christoph Ulrich Schneider. Das Ehepaar Schneider verkaufte 1859 das Haus in der „Neccargasse" an die Evangelische Gemeinschaft, nachdem ihre Tochter Katharine Starz nach Amerika ausgewandert war. Die Ev. Gemeinschaft richtete in dem Wengerterhaus ihr Bethaus ein. 1869 ging das Grundstück an den Wirt August Bauer, der hier den neuen „Bären" eröffnete.

Diese Auslegungen des paulinischen „Schweigegebots" finden heute in allen evangelischen Kirchen und Vereinigungen eine breite Zustimmung.

Auch das Pauluswort von dem Gebot der Kopfbedeckung geht nach der heutigen Auslegung der Evangelischen Kirche Deutschlands auf eine aktuelle Streitlage jener Zeit zurück. Dabei sei auch zu beachten, daß offenes Haar damals im judenchristlichen Zusammenhang ein Zeichen der Unreinheit gewesen ist. Z.B. wurde die wegen Ehebruchs angeklagte Frau dadurch gebrandmarkt, daß ihr Haar gelöst worden ist. Dazu kommt, daß aufgelöste Haare im ekstatischen Gottesdienst für orientalische Gottheiten, in der religiösen Verzückung, ein in dieser Zeit gewohnter Anblick waren. Paulus war dagegen daran interessiert, kultisch ausschweifende Gottesdienste zu vermeiden. Er argumentiert deshalb für eine „anständige" Haarmode". Die Frau solle im Gottesdienst eine „Macht" , d.h. aufgestecktes Haar oder eine Kopfbedeckung tragen. Ziel seiner Ausführungen, so meint heute die Kirche, sei gewesen, durch das Gebot der Kopfbedeckung für die Frau nicht einen Unterschied zwischen Mann und Frau offenkundig zu machen, sondern dadurch die damalige Ordnung und den Charakter der Gottesdienste zu wahren.

Nach beiden Schöpfungsberichten ist die gleiche Würde von Mann und Frau im Gottesverhältnis verankert. Der Mensch wird zum Bilde Gottes als Mann und Frau geschaffen, ohne daß irgend ein Unterschied des Ranges statuiert wird.

1564
Die verheirateten Frauen verhüllten in dieser Zeit ihr Haar, bedeckt mit einer Haube, sie kamen „unter die Haube".

Gestickte Sinnsprüche zierten die Fachbretter des Weißzeugschranks noch bis in das 20. Jahrhundert hinein.

Auch bei der Hochzeit am 25. November 1893 wurde die Braut Anna Bidlingmaier, geborene Henzler, die Frau des letzten Plochinger Zieglers, auf ein gehöriges Frauenleben hingewiesen. Der gestickte Spruch im Aussteuerschrank lautete:

„Gebleicht auf grüner Au,
geblüht im Sommerwinde,
liegt schön es stets im Spinde
der Stolz der züchtig Frau".

„Zieglere" Anna Bidlingmaier (1869 - 1948) mit ihren Kindern Richard und Lina

1927 – Jahrhundertfeier des 1. Schwäbischen und Deutschen Liederfestes, die 31 Festdamen unmittelbar vor dem großen Festzug.
Zweifellos waren diese Frauen eine Zierde des Festzugs und des ganzen Festes. Im 13köpfigen Festdamenausschuß hatte aber keine Frau etwas verloren. 1. Vorsitzender dieses Ausschusses war der Plochinger Kaufmann Fritz Mayer (im Foto ganz rechts), 2. Vorsitzender war Kaufmann Emil Eßlinger. Im Festbuch sind dann die in Ehrendamen-Angelegenheiten sachkundigen männlichen Beisitzer namentlich aufgeführt. Auch beim 32 Personen umfassenden Hauptausschuß konnte sich genauso wie in den anderen 9 Festausschüssen keine Frau engagieren, obwohl die rege Mithilfe bei der Vorbereitung und Durchführung des Festes von den Frauen gefordert war. Niemand hatte damals daran Anstoß genommen. Arbeite und schweige!

Festdamen-Ausschuß:

1. Vorsitzender: Fritz Mayer, Kaufmann
2. „ Emil Eßlinger, Kaufmann

Beisitzer:

Bröllochs, Heinrich
Dürr, Emil
Franz, Hans
Huttenlocher, Friedrich
Krauth, Hermann
Merkle, Otto, jun.
Roos, Wilhelm
Schöllkopf, Georg,
Starz, Hermann
Stumpp, Gottlieb
Weidner, Wilhelm.

Plochinger Frauenbilder

Es ist an der Zeit, in diesem Buch, stellvertretend für viele weitere Plochingerinnen, Frauen vorzustellen, die vom hohen Mittelalter bis in die heutige Zeit hinein Außergewöhnliches in ihrem Leben und Wirken geleistet haben.

Es müssen Frauen aus diesem Jahrhundert erwähnt werden, die nicht zu der „Was-habe-ich-davon-Elite" gehörten und noch gehören, sondern Plochinger Frauen, die sich nur fragten, was sie für andere, für die Gemeinschaft, tun konnten und noch tun können.

Frauen, die nicht an Geld, an die nächste Wahl oder nicht nur an ihre Karriere bei ihrem Handeln gedacht haben und noch denken, Frauen, die zum Ende des Zweiten Weltkriegs mit großem persönlichen Mut und bewundernswerter Risikobereitschaft sich für ihre Mitmenschen eingesetzt haben und Frauen, deren Wirken durch die Stadt Plochingen in den vergangenen Jahren besonders gewürdigt worden ist.

Junge Mutter 1860

Jute von Plochingen

Äbtissin des Klosters Lichtenstern
Ein Frauenleben um 1300

Jute

Sie muß ein hübsches, liebes und gescheites Mädle gewesen sein, diese Jute. Vermutlich war sie das jüngste Kind des Ritters Konrad II. von Plochingen und seiner Ehefrau, einer Rechbergerin, deren Vorname leider nirgends überliefert ist. Jute wurde wohl um 1268 in der Plochinger Wasserburg geboren, die auf dem jetzigen Burgplatz um 111o gebaut und um 1420 geschleift worden ist.

Man kann sich denken, wie die jungen Wengerterburschen dem Burgfräulein anerkennend nachgeschaut haben, wenn sie die Burgstraße in Richtung Kirchgraben und Kirchberg zum Gottesdienst in der damaligen romanischen Ulrichskirche oder zum Unterricht beim Plochinger Dekan Hermann im Pfarrhaus geritten ist. Beim Dekan lernte die intelligente Jute das Lesen und Schreiben und wurde so perfekt bibelkundig, daß sie an Wissen und Glauben keinem Pfarrherrn nachstand. Das Nesthäkchen von der Plochinger Burg war im ganzen Flecken beliebt.

Die Plochinger Burg auf dem heutigen Burgplatz im 13. Jahrhundert. Hier wurde die Äbtissin Jute von Plochingen um 1268 geboren.

Jutes Familie

Konrad II. von Plochingen hatte mindestens fünf Kinder: Zwei „Felen“[10] und drei Söhne. Jutes ältere Schwester Petrissa hatte den Edlen Otto von Roßwag aus dem hochadligen Roßwagschen Haus geheiratet, ihr ältester Bruder Alberto de Blochingen war wohl früh gestorben. Mit ihren Brüdern Johann und Konrad III., der mit der Güssin Agnes von Haunsheim[11] kinderlos verheiratet war, starb schließlich das Plochinger Rittergeschlecht aus.

Die Herren von Plochingen gehörten im 12. und 13. Jahrhundert zur Burgmannschaft des Hohenstaufen, werden also zurecht als Reichsministeriale bezeichnet. Da in dieser Zeit der Grad der Nobilität und damit die Stellung im Reich durch die Nähe zum König und Kaiser bestimmt worden ist, gehörten die Plochinger in den allerengsten Machtzirkel des Reiches. Nur so sind auch die verwandtschaftlichen Verbindungen mit denen von Rechberg und von Roßwag zu erklären.

Der Aufstieg des Plochinger Rittergeschlechts begann mit dem Aufkommen der Staufer. Mit dem tragischen Ende des letzten Staufers Konradin 1268 in Neapel fielen dann die verarmenden Plochinger immer mehr in die Bedeutungslosigkeit eines niederen Adelshauses.

Im Jahr 1283 verkaufte Konrad II. von Plochingen die Hälfte seiner Gemeinde an das Kloster Sankt Blasien und im Jahr 1294 seine reichen Lehensbesitzungen in Elchingen an das Kloster Salem. Schließlich trat dann Johann III. von Plochingen, der letzte auf der Plochinger Burg sitzende Ritter, die zweite Hälfte Plochingens für „1800 phunt guoter und gaeber Haller münsze“[12] an die Stadt Esslingen ab.

Zur Versorgung ins Klosters

Der Niedergang der Plochinger Herren minderte schlagartig auch die Chancen der jüngsten Plochinger Ritterstochter Jute, standesgemäß unter die Haube[13] zu kommen. Jutes Eltern hielten es nach mehreren Rücksprachen mit ihrer Verwandtschaft und mit ihrem Plochinger Dekan Hermann, dem eifrigen Lehrer ihres Kindes, wohl deshalb am besten für ihre Tochter, daß „sie in ein Nonnen Closter gethan worden“, um dort eine gute und ihrer Herkunft entsprechende, lebenslange Versorgung zu haben.

So ist also die Plochingerin Jute, weil man hier auf der Burg eingesehen hat, daß sich wohl bei der verarmten Herrschaft kein ordentlicher Brautwerber melden wird, mit 18 Jahren ins „Frawencloster zue LIchtenstern“ gesteckt worden.

10 Felen alamannisch = Mädchen, Töchter, vielleicht von lateinisch filia;
weil Fel alamannisch aber auch gleichbedeutend mit Mangel und dem Fehlen von etwas Erwartetem ist, haben böse Zungen behauptet, Fel = Mädchen deute auf das bedauerliche Fehlen eines erwarteten Körperteils hin.

11 Die Güssen waren ein Geschlecht, das sich ursprünglich nach seiner Stammburg bei Hermaringen „Güssen von Güssenberg“ nannte . Später teilten sich die Güssen in mehrere Linien, u. a. Güssen von Leipheim u. Güssen von Haunsheim

12 1800 Pfund Heller, der Heller (Häller) war eine Scheidemünze, die seit dem 13. Jahrhundert in Schwäbisch Hall geschlagen worden ist. Gäbe Münze = annehmbare, brauchbare, gute Münze

13 die verheiratete Frau hatte eine Haube als Zeichen ihres Standes zu tragen

Warum nach Lichtenstern?

Was haben nun wohl die Ritterfamilie und den Plochinger Dekan veranlaßt, für Jute das Zisterzienserinnenkloster Lichtenstern auszuwählen?.
Dazu gibt es vielerlei Vermutungen, die alle sicherlich etwas damit zu tun hatten:

* Das 1242 gegründete Kloster drängte beim Adel auf Eintritte.1280 wurde die Klosterkirche im wesentlichen so fertiggestellt, wie sie in ihren äußeren Umrissen heute noch erhalten ist. Zuvor hatten sich die Nonnen mit einem einfachen Betsaal begnügt. Der Kirchenbau brachte das Kloster damals wohl in Finanzschwierigkeiten. Neben hochherzigen Stiftungen und Zuwendungen als „Seelgeräte"[14] waren die bei Neueintritten durch die Familien der Novizinnen zu leistenden üblichen Abgaben und Zehnten eine nicht zu unterschätzende Einnahmequelle. Durch „Leibgedingsurkunden" wurden die Familien verpflichtet, die übliche Mitgift an das Kloster zu leisten. Weil hochadlige und vermögende niederadlige Damen den größten Teil des Konvents zu Lichtenstern gebildet haben, wird wohl das Leibgeding nicht gering gewesen sein. Die Angehörigen wollten sich auch auf keinen Fall nachsagen lassen, sie seien einem Kloster gegenüber besonders knausrig, zumal ja das Kloster sowieso einen Anspruch auf das seinen Nonnen zustehende Erbe hatte.

* Der Zisterzienserinnen-Orden[15] stand im 13. Jahrhundert neben den kurz zuvor aufgekommenen Bettelorden der Dominikaner und Franziskaner wegen seiner strengen Zucht im besonders hohen Ansehen. Stolz konnte man davon erzählen, eine Zisterzienserin in der Familie zu haben. Im Gegensatz zu den Benediktinern trugen die Zisterzienser im Kloster ein weißes Gewand, auf der Straße gingen sie aber gewöhnlich grau gekleidet, so daß man sie häufig die „Grauen Schwestern" nannte.

Benediktinerin (links)
Zisterzienserin (rechts)

*Die Beteiligung der staufischen Weinsberger Reichsministerialen an der Klostergründung läßt vermuten, daß dem Plochinger Ministerialengeschlecht das Kloster Lichtenstern besonders nahe stand. Durch viele gemeinsame Unternehmungen mit König und Kaiser kannten und schätzten sich die Herren von Plochingen und die Herren von Weinsberg.

14 Stiftungen zum Zwecke der regelmäßigen Lesung von Seelenmessen zur Erlangung des Seelenheils

15 gegründet 1098 in Citeaux, lat. Cistercium

Lichtenstern im Jahre 1850

*Wohl der wichtigste Grund für die Wahl Lichtensterns für die Unterbringung Jutes war wohl, daß ihre ältere Schwester Petrissa von Plochingen und Roßwag sehr gute Beziehungen zu Abt und Konvent von Maulbronn hatte. 1283 gab sie u. a. ihre Nußdorfer Güter dem Maulbronner Zisterzienserkloster. Bereits im Jahr 1267 war Maulbronn das Weisungskloster für die Nonnen von Lichtenstern geworden und der Maulbronner Abt wurde zu deren Vaterabt bestimmt. So liegt der Schluß nahe, daß Petrissa recht gerne empfohlen hat, ihre Schwester Jute solle eine Lichtensternerin werden.

Das Kloster Lichtenstern

Das Kloster Lichtenstern bei Löwenstein wurde von der Witwe eines Weinsbergers, einer geborenen Schenkin von Schüpf im Einvernehmen mit ihrer Verwandtschaft in Tuphingestal auf Weinsberger Boden 1242 gegründet. Es wird angenommen, daß die ersten Schwestern hier in ein Leprosorium[16], das abseits „im starkhen Wald“ gelegen war, eingezogen sind. Das Kloster liegt auf einem Vorsprung über dem Sulmtal, umgrenzt von den beiden Quellflüßchen des Schlierbachs, der in die Sulm mündet. Die Besiedlung der Neugründung erfolgte durch Nonnen der damals überfüllten Zisterze[17] Himmeltal bei Mainz. In den der Gründung folgenden Jahren gelangte Lichtenstern nach und nach in den Genuß der Privilegien der Zisterzienser. Die volle Inkorporation in den Orden wurde erst 1268 erreicht.

Als Herzog Ulrich 1534 nach 15jähriger Unterbrechung sein Württemberg wieder fest in Händen hatte, war eine seiner ersten Handlungen die Einführung der Reformation im ganzen Land, die für

16 Lepra = Aussatz, chronisch bakterielle Infektionskrankheit mit vorwiegendem Befall der Haut oder des äußeren Nervensystems. Die Leprösen wurden im Mittelalter erbarmungslos aus der menschlichen Gesellschaft ausgestoßen. Die kirchliche und örtliche Fürsorge baute besondere Spitäler, die Leprosorien, meist weit außerhalb der Stadtmauern.

17 Niederlassung der Zisterzienser

Lichtenstern das baldige Ende ankündigte. Unmittelbar nach dem vierjährigen Interim[18] hat dann 1555 Herzog Christoph die Zisterzienserinnenabtei aufgehoben.

Klosterleben

Jute hatte nach ihrem Eintritt ins Klosterleben um das Jahr 1288 zuerst als Novizin ein Probejahr durchzumachen. Eine ältere Nonne, die Novizenmeisterin führte über die Neulinge eine strenge Aufsicht. Wer nicht parierte, für den gab es Karzer und Ketten, Geißel und Rute. Auch bei den jungen frommen Damen aus den vornehmen adligen Häusern machte man keine Ausnahme.
Nachdem Jute das Novizenjahr glücklich überstanden hatte, mußte sie vor dem versammelten Konvent die Äbtissin um die Barmherzigkeit der Aufnahme bitten. Sie hatte das dreifache Gelübde des Gehorsams, der Armut und der Keuschheit abzulegen. Darauf wurden Jute die Ordenskleider angelegt und sie gehörte von da an dem Kloster.

Klosterleben

Arbeit galt bei den Zisterzienserinnen als wichtige, von Gott verordnete Aufgabe. In Küche, Garten und Haus hatte Jute zusammen mit den anderen Nonnen ihre Aufgabe. Auch erhielt sie alljährlich von der Äbtissin Flachs und Wolle zugeteilt und hatte daraus ihre einfachen Kleider, „ohne Putz und Staat", zu fertigen. Für ihre Kunstfertigkeit bei ihren Handarbeiten waren die Lichtensterner Schwestern im ganzen Land bekannt.

Für noch wichtiger freilich als die Arbeit galt in Lichtenstern das Beten. Sieben Gebetszeiten, von frühmorgens um 3 Uhr bis 21 Uhr zählte man am Tage. Und wenn die Nonnen besonders streng im Glauben sein wollten, trafen sie sich auch noch an Mitternacht zum Gebet. In Lichtenstern wurde nur eine Mahlzeit am Tag im Refektorium[19] eingenommen. Fleisch von warmblütigen Tieren war gänzlich ausgeschlossen. Außer der gemeinsamen Mahlzeit erhielt Jute täglich 3 Pfund Brot und 1 1/2 Liter Wein.

18 Nach dem Sieg Kaiser Karl V. über den Schmalkaldischen Bund verlangte 1548 der Kaiser „inzwischen" die Wiedereinführung der Messe, die Rückgabe der eingezogenen Klöster und nahm den Evangelischen fast alles wieder, was sie glaubten, errungen zu haben. Die evangelischen Pfarrer (in Plochingen Kaspar Fritz bzw. Knehr), wurden ihres Amtes enthoben. 1552 gab dann Herzog Christoph den Befehl, die Messen wieder einzustellen, „da sie der württembergischen Konfession zuwider seien".

19 Speisesaal im Kloster

Die Äbtissin Jute

Von größter Bedeutung für den Geist, der im Kloster herrschte, war die Äbtissin, die an der Spitze des Konvents stand. An ihre Persönlichkeit wurden die höchsten Anforderungen gestellt. Das Kloster Lichtenstern nahm auf Grund eines besonderen päpstlichen Privilegs für sich in Anspruch, die Äbtissin selbst zu wählen. Als gewählt galt nach der genau vorgeschriebenen Prozedur, wer die absolute Mehrheit im Konvent bekommen hatte.

Siegel der Äbtissin von Lichtenstern (Clara Stella)

Als Zeichen ihrer Würde trug die Äbtissin den Abtstab. Die unbedingte Einhaltung der Klosterdisziplin hatte die Äbtissin durchzusetzen. Widerborstige, die es auch im Kloster gegeben haben soll, wurden für einige Zeit auf Wasser und Brot gesetzt, nicht selten mußten sie auch in das „Finstere Loch" im Untergeschoß unter der Küche, wo auch der Vollzug der körperlichen Züchtigungen vorgenommen worden ist.

Die Äbtissin war Vorsitzende des Konvents, sie hatte den Schwestern ihre Aufgaben in Haus und Hof zuzuteilen, den Klostermeiern[20], Klosterküfern und Klostermüllern Weisungen zu erteilen, die Instandhaltung der klösterlichen Anwesen zu überwachen und auf die korrekte Einbringung des Zehnten und der anderen Abgaben zu achten.

Viel Zeit nahm die Besetzung der zum Kloster gehörigen Pfarreien in Anspruch und sicher waren auch die Aufforderungen an die Bauern und Weingärtner der Klosterdörfer zum Frondienst für das Kloster nicht immer nur erquicklich für die Äbtissin.

Dies alles war neben der wichtigen Aufgabe, das Kloster und seine Interessen bei allen weltlichen und geistlichen Stellen zu vertreten, von der Vorsteherin des Klosters zu leisten.
Das Amt der Äbtissin war also kein leichtes Amt, keine Sinekure[21] und erforderte eine starke Persönlichkeit, die auch innerhalb und außerhalb des Klosters die notwendige Autorität haben mußte.

20 Klosterverwaltern
21 müheloses Amt, reine Pfründe

Jute von Plochingen war um das Jahr 1300 schon 12 Jahre in Lichtenstern, als die Äbtissin Irmentrud wohl vor der Vielfältigkeit, Größe und Schwere ihrer Aufgabe resigniert[22] hat und eine Nachfolgerin gesucht wurde. Im Konvent waren sich die Schwestern rasch einig, daß nur Jute von Plochingen die richtige Nachfolgerin, die 6. Lichtensterner Äbtissin sein konnte. Verfolgt man die Äbtissinnenwahlen dieses Klosters, so ist zu beobachten, daß mehrfach letzte Angehörige eines aussterbenden Geschlechts gewählt worden sind. Ist dies nur Zufall gewesen oder doch Spekulation auf ein reiches Erbe? Tatsächlich wurde Lichtenstern auch von Konrad von Plochingen, dem Bruder Jutes, im Jahr 1315 reichlich mit 140 Pfund Heller dotiert. Mit der Schenkung haben die Nonnen weitere Güter in Eschenau erworben. Die Plochingerin stand dann bis zu ihrem vermutlichen Tod im Jahr 1308 dem Kloster vor.

Unter der fleißigen und frommen Äbtissin Jute konnte das Kloster gleich zu Beginn des 14. Jahrhunderts seinen Besitz deutlich ausdehnen:
Im Jahr 1300 erhält Lichtenstern die Nutznießung des Fruchtzehnten in Erlenbach, das letzte Drittel des Zehnten von Schwöllbronn (2 Drittel gehörten vorher schon dem Kloster), 1/3 eines Hofes samt Zubehör in Affaltrach, einen Weingarten in Affaltrach,
Im Jahr1302 kam Lichtenstern in den Besitz eines Gutes in Eschenau, erhielt den Zehnten des Weilers Schöntal in der Pfarrei Erbstetten zugesprochen, 1303 kam ein weiteres Gut in Eschenau zum Kloster, im Jahr1306 erreichte Jute, daß der gesamte Zehnte samt dem Weinzehnt von Weiler dem Kloster Lichtenstern zugesprochen wurde und schließlich erhielt im Jahr 1308 die Klosterwirtschaft einen weiteren 3 Morgen großen Acker in Untereisesheim.

Plochinger Grablegen

In der Plochinger Lokalgeschichtsschreibung war bisher bekannt, daß die Plochinger Ritterschaft ihre Grablegen in der von ihnen gestifteten romanischen Plochinger Ulrichskirche auf dem Kirchberg und auch in dem im Jahr 1125 von ihren Vorfahren erbauten Benediktinerkloster Anhausen bei Herbrechtingen hatten. Vor kurzem ist nun bekanntgeworden, daß die Chronisten Ruthard, Gabelkhofer und Pistorius berichteten, daß zwei Herren von Plochingen in Lichtenstern begraben worden sind. Vermutlich handelt es sich dabei um Jutes Vater Konrad II. von Plochingen und um Alberto de Blochingen, den ältesten Bruder der Äbtissin. Diese Lichtensterner Grablegen zeigen , wie eng die Verbindung der Plochinger zu diesem Nonnenkloster gewesen sein muß.

22 auf ihr Amt verzichtet hat

Lichtenstern heute

Die alte Klostermauer mit Buckelblöcken ist ringsum erhalten. Die Gebäude stammen meist aus der Renaissance. Die Kirche ist teilweise verbaut. Der Chor mit späterem Aufbau ist frühgotisch, mit schlanken Fenstern und steilem Rippensterngewölbe. Beachtenswert im Chor ist ein Wandtabernakel aus der Zeit um 1450. Im Klostergarten finden sich Überbleibsel des Kreuzgangs und einer Kapelle.Der wurmstichige frühgotische Hochaltar wurde 1858 zur Restaurierung zunächst an den Württembergischen Altertumsverein und fünf Jahre später an die Württembergische Altertumssammlung, heute Landesmuseum, verkauft. 1836 wurde dem Zerfall der Anlage durch die Gründung der „Kinderrettungsanstalt“ Lichtenstern Einhalt geboten. Heute ist das alte Klostergrundstück Sitz der Evangelischen Stiftung Lichtenstern mit einer Sonderschule, einer Werkstatt für Behinderte und einem Wohnbereich für 245 (in außenliegenden Wohngruppen weitere 75) behinderte Menschen , die in Lichtenstern in Würde auch alt werden können. Die Stiftung Lichtenstern beschäftigt insgesamt 392 Mitarbeiterinnen und Mitarbeiter und bildet derzeit 36 Heilerziehungspfleger in einem dreijährigen Kurs aus.

Lichtenstern, Klosterkirche, nur die drei seitlichen schmalen Chorfenster stammen aus der spätromanischen Kirche von 1280. Auch das mittlere große Chorfenster wurde später verändert.

Ein wahrhaft christliches Werk in der alten Klosterstätte, das mehr als Pflege und Versorgung bietet, das zur wirklichen Heimat für die Bewohner und die Mitarbeiter geworden ist.

Lichtenstern, östliche und südliche Klostermauer

Die Frauen von Härtinswiler

Berichte aus dem 13. und 14. Jahrhundert

Agnes und Adelheid

Warum tauchen wohl bei dem mittelalterlichen Plochinger Adelsgeschlecht derer von Härtinswiler (oder Härtnitzwiler) fast nur Frauennamen auf? Wie kommt es wohl zu dieser beachtenswerten Ausnahme in jener Zeit?
Aus dem Jahr 1350 lesen wir[23]:
„Adelheid dicta[24] Zölnerin git 18 Haller geltz[25], vallent uff Martini us ainem morgen wingarten, heisset der Burgstall, die gesetzt Agnes von Härtnitzwiler".
Die Adelheid wird 1350 im gleichen Lagerbuch noch einmal erwähnt:
„Adelheid dicta Zölnerin git 4 Schilling Heller und 2 Simri öls[26], us eine Hofstatt, gelegen bi C. Rülins und bi Bücking".

Wenn man die wenigen Quellen über dieses Plochinger Niederadelsgeschlecht untersucht, kommt man unwillkürlich zum Schluß. daß es sich bei diesen Frauen um besonders tüchtige, tatkräftige Frauen gehandelt haben mußte, die das Herz auf dem richtigen Fleck und in jeder Situation „ihre Frau" gestanden hatten.

Die Siedlung Härtinswiler

Dort, wo die heutige Schillerstraße die Esslinger Straße kreuzt, wo früher der Rosgartentobelbach beim Lederlesbrückle[27] die Landstraße querte, war vom 6. bis zum 14. Jahrhundert die Ausbausiedlung Härtinswiler[28].
Als am Ende des 5. Jahrhunderts die Franken das nördliche Alamannien in Besitz nahmen, wichen viele der dort Ansässigen nach Süden aus und gründeten neue Siedlungen, die wir heute daran erkennen, daß ihre Ortsnamen vorwiegend auf „-weiler", „-dorf" oder „-bach" enden. In diese Zeit fällt also in Plochingen die Gründung dieser kleinen bäuerlichen Gruppensiedlung Wyler, in der im hohen Mittelalter die Hörigen der ehemaligen Burg derer von Härtinswiler auf dem Altenberg lebten.

Die Burg

Die Burg Härtinswiler wurde wohl im 12. Jahrhundert oberhalb der kleinen Wilersiedlung vom Geschlecht Härtenswiler gebaut. Ob dieses Niederadelsgeschlecht mit den Edlen von Herdlinsweiler bei Schwäbisch Gmünd verwandt war, läßt sich derzeit nicht nachweisen.

Die Burg war sicher nur eine kleine Wehranlage, ohne viel Mauerwerk, mit einem Palisadenzaun umgeben und mit einem turmartigen Blockhaus, das als Wohn- und Wirtschaftsgebäude diente.

Beim Bau des Hauses Hindenburgstraße 90 (Fritz) kamen 1928 viele Gefäßscherben, Brandreste und Knochen zum Vorschein, die leider nicht weiter untersucht worden sind. Wir dürfen also im Bereich der heutigen Grundstücke Hindenburgstraße 90 (Fritz), 94 (Häußler)

23 Lagerbuch des Katharinenhospitals Esslingen Anno 1350/54
24 dicta = genannt
25 18 Heller Geldes
26 1 Simri = 22,15 Liter, gemeint sind Ölfrüchte
27 Die Flur „Im Läderlen" , die direkt an die Landstraße und an das kleine Brückle grenzte, gehörte dem „Lederer", dem Gerber
28 heute Schillerstraße 7 - 26

und 102 (Mörgenthaler) die ehemalige Burg vermuten. Aus dem oben erwähnten Eintrag in das Lagerbuch von 1350 geht hervor, daß damals nur noch ein Burgstall, also eine verfallene Burgruine bestanden hat. Diese abgegangene Burg wurde 1366 vom Esslinger Spitalpfleger noch einmal genau bestimmt: „Der Burgstal stosset an des Spitals wingart, der der Lintherr heißt".

Nach dem Abgang der Burg am Ende des 13. Jahrhunderts wohnten die Adligen von Härtinswiler in der mittleren Burggasse[29]. Der Sitz war wahrscheinlich bei den heutigen Anwesen Burgstraße 20 bis 26.

Tüchtige Frauen.

Es ist nun wichtig, festzustellen, daß die Härtinswiler Adligen Vasallen[30] des Plochinger Ortsadels gewesen sind. Die Männer des Geschlechts auf dem Altenberg hatten jederzeit den Herren von Plochingen für ihre Unternehmungen zur Verfügung zu stehen. Ob die Plochinger Ortsherren als Reichsministeriale und zur Burgmannschaft gehörende Rittersleute mit den staufischen Königen und Kaisern in den deutschen Landen, in Italien oder beim Kreuzzug unterwegs waren, die von Härtinswiler hatten im 12. und 13. Jahrhundert immer mitzuziehen und ihre Herren zu begleiten.

29 „dez von Härtinswiler Hofstatt in der Burggassun neben Cuntz Glatze" (Lagerbuch des Esslinger Hospitals von 1366)
30 Lehensleute, Gefolgsleute

Hier am „Alten Berg" war im Mittelalter die Burg Härtinswiler

So kam es, daß die Frauen zu Härtinswiler meist allein mit dem Gesinde auf der Burg beim Rosgartentobel ihre Tage verbringen mußten. Wochen- und monatelang, ja manchmal über Jahre hinweg hatten ihre Männer bei den staufischen Zügen zu dienen und die Frauen waren ganz auf sich selbst gestellt, hatten das Gut zu verwalten, das Gesinde anzuweisen und für Ordnung im Weiler zu sorgen. Und nicht immer ist der Ehemann wieder aus einem Schlachtgetümmel, von einem Ritterzug zurückgekehrt.

Das hat selbstverständlich die Härtinswilerinnen über Generationen hinweg geprägt. Sie standen fest auf ihren eigenen Füßen.

Dazu kam noch, daß dieses Vasallengeschlecht mit der Zollstätte an der Heerstraße beim Lederlesbrückle eine ganz besondere Aufgabe übertragen bekommen hatte. Sie hatten mit ihren Zollknechten die Aus- und Einfahrenden zu kontrollieren und den Durchfahrtszoll zu erheben. Und weil die Härtinswiler Männer dauernd unterwegs waren, fielen die Zollgeschäfte selbstverständlich ebenfalls den Frauen zu.
Die Routinearbeiten an der Zollstätte erledigten wohl die Zollknechte. Doch gab es hin und wieder deftigen Ärger und Verdruß mit den Fuhrleuten und Reisenden. Da mußten die Härtinswilerinnen schlichtend und regelnd eingreifen und die Interessen der Ortsherrschaft vertreten. Dabei mußte sich die Adelheid von Härtinswiler so bewährt haben, daß sie ganz offiziell die Führung der Zollstätte vom Ritter Johann von Plochingen übertragen bekam und stolz den Beinamen „dicta Zölnerin“ führte.

Als nach dem Untergang der Staufer auch der Niedergang der Plochinger

Adlige im 13. Jahrhundert

Ministerialen und deren Vasallen zu Härtinswiler sich anbahnte und die Burg auf dem Altenberg verfiel, haben wiederum die Härtinswiler Frauen das beste aus der bedrängenden Lage gemacht. Agnes, die alleinstehende Mutter der Zöllnerin Adelheid, hat gegen Ende des 13. Jahrhunderts wegen der schlimmen Lage nicht resignierend die Hände in den Schoß gelegt und gejammert , sondern u. a. auf dem Burgstall beim Rosgartentobel "ainen Morgen wingarten gesezt“ und der damals schon in der Burggasse lebenden Familie ein wichtiges zusätzliches Einkommen gesichert.

Tüchtige Frauen im Plochinger Mittelalter!

Sabina, die Plochinger Persönlichkeit im 17. Jahrhundert

Sabina Wochenauer, geborene Reinoel, war eine ganz außergewöhnliche Frau. Wenn in der Mitte des 17. Jahrhunderts irgendwo in der Region von „der Sabina" gesprochen worden ist, wußten alle Leute sofort, daß damit die Wirtin der Herberge zum Schwarzen Bären[31] gemeint war. Sogar in den amtlichen Kauf-, Zins-, Steuer- und Lagerbüchern dieser Zeit ist vielfach allein nur ihr Vorname vermerkt.

Sabinas Elternhaus

Sabina war die Tochter des Plochinger Pfarrers Wolfgang Reinoel (Reinöhl) und seiner Ehefrau Maria Cleopha Baumann. Pfarrer Reinoel stammte aus Ölsnitz im Vogtland, kam zunächst als Hofmeister und Hauslehrer im Jahr 1560 nach Bebenhausen und vollendete in Tübingen das in Frankfurt/Oder und in Leipzig begonnene Theologiestudium. Er arbeitete hierauf ein Jahr als Diakon in Göppingen.

Reinoel erhielt 1564 die vakante Pfarrei Plochingen, weil kein Stipendari[32] des Tübinger Stifts nach Plochingen ziehen wollte. Obwohl die Plochinger Pfarre doch eine sehr einträgliche Stelle mit guter Dotation gewesen war, fürchteten sich alle anderen Kandidaten vor einem Aufzug in Plochingen, weil der vorherige Pfarrer Bernhard Brenz[33] an der Pest im Pfarrhaus gestorben war und weil angeblich Kirche und Pfarrhaus in einem erbärmlichen Zustand gewesen sind.

So bekam also der „Ausländer" Wolfgang Reinoel die Chance, Plochinger Pfarrherr zu werden, residierte von 1564 bis 1609 insgesamt 45 Jahre lang auf dem Plochinger Kirchberg und wurde der Stammvater der berühmten württembergischen Reinoelfamilie.

Pfarrer Reinoel war in der Gemeinde beliebt und er ist in seiner Plochinger Zeit auch ein vermögender Bürger geworden. Die Visitationsprotokolle enthalten über ihn nur Lobenswertes, z.B. 1588 : „Hat ein sonder gut Lob, daß er mit getreuem Fleiß seine Kirch zu allen Zeiten versehe und samt den Seinigen einen stillen und eingezogenen Wandel führe; und hat 18 Kinder" (von denen nur 4 Töchter und 4 Söhne das Erwachsenenalter erreichten).

Und genau in diesem Jahr 1588 schlug das Unglück im Reinoelschen Pfarrhaus zu. Das mühsam von den Reinoels und den Gemeindegliedern einigermaßen wieder bewohnbar gemachte Pfarrhaus ist abgebrannt und die Pfarrfamilie mußte in der Nachbarschaft Unterschlupf finden. Ein Jahr später bauten sich daraufhin die Reinoelleute auf dem Kirchberg ein eigenes großes Wohnhaus, das heutige „Jägerhaus"[34].

31 heute Kreissparkasse am Fischbrunnenplatz.1932 fiel der Südflügel, 1948 der westliche Teil der Spitzhacke zum Opfer

32 Theologiestudenten, die im ev. Stift zu Tübingen wohnen konnten und dadurch ein Stipendium, eine wirtschaftliche Unterstützung, genossen haben

33 der Bruder des württembergischen Reformators Johannes Brenz

34 „Jägerhaus" Kirchberg 5, weil später hier die Jägerfamilie (Försterfamilie) Schwarz eingezogen ist.

Nach dem Pfarrhausbrand von 1588 baute sich die Reinoel-Familie auf dem Kirchberg das heute „Jägerhaus“ genannte Wohngebäude im Jahr 1589

Und 5 Jahre später, im Jahr 1594 ging Pfarrer Reinoel nochmals ans Bauen. Als Vorsitzender der örtlichen Heiligenpflege ließ er hinter der Ottilienkapelle das heute „Frühmesserhaus“ genannte Gebäude mit seiner wunderschönen fränkischen Renaissance-Fachwerkfassade erstellen. Es wurde das zweite Plochinger Schulhaus[35]. So prächtig haben damals die Plochinger ihr Schulhaus gebaut.

Pfarrer Reinoel ist im Chor der evangelischen Stadtkirche Sankt Blasius 1609 begraben. worden. Der Grabstein seiner 1576 verstorbenen Frau Maria Cleopha und von 5 ihrer bald nach der Geburt gestorbenen Kinder ist an der südlichen Außenwand der Kirche noch erhalten.

35 Das erste Plochinger Schulhaus stand hinter dem Gebäude Marktstraße 35. Die Gasse zwischen Marktstraße 35 und Ottilienkapelle war das „Schulgäßle“

Die Bärenwirtin Sabina

Die 1569 geborene Sabina Reinoel heiratete ganz jung mit 18 Jahren im Jahr 1587 den Plochinger Gastgeber und Gerichtsverwandten[36] Hannß Wochenauer. Im Plochinger Archiv, in den Nellinger und Esslinger Urkunden finden sich keine weiteren Angaben über das Wochenauergeschlecht. Jedoch enthält das Heidenheimer Kirchenbuch einen Eintrag über einen Jerg Wochenauer, Barchenttuchhändler und Bürgermeister zu Heidenheim, der in Plochingen um 1548 geboren sei. Hier könnte es sich um einen Bruder des Plochinger Bärenwirts Hannß Wochenauer handeln.

Sabinas Ehemann Hannß Wochenauer hat schon vor dem Beginn des Dreißigjährigen Krieges das Zeitliche gesegnet. Letztmals tritt der Bärenwirt in einer Gerichtsurkunde vom 13. Mai 1612 auf. In dieser Gerichtsverhandlung wollten Hannß und Sabina Wochenauer erreichen, daß sie ihren bis zum Neckarufer reichenden Herbergsgarten fest mit einer Mauer umschließen dürfen. Sie wollten damit ihren Herbergsgästen einen ungestörten und geschützten Zugang zum Neckar sichern. Weil aber in Plochingen nach alter Observanz[37] der allgemeine Zugang zum Fluß „für Mensch, Vieh, Karren und Wagen“ nicht verwehrt werden durfte, konnten Schultheiß, Gericht und Rat dem Ansinnen der Bärenwirtseheleute nicht ohne besondere Auflagen zustimmen.

Der Durchgangsweg für den landwirtschaftlichen Verkehr und für den Viehtrieb am Neckarufer mußte freigehalten werden, weil diese „ihren Zug guthentheils hinter den Häusern nehmen sollen und ohngehindert durchtreiben können, wenn die Landstraß wegen der strengen

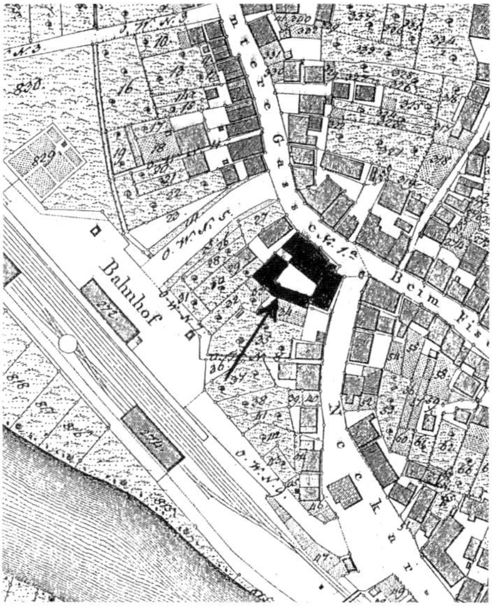

Die Herberge zum Schwarzen Bären im Ortsplan von 1850. Im Plan auch Plochingens erster Bahnhof von 1846. Am Fischbrunnenplatz ist der alte Fischbrunnen zu erkennen. Mitten in der Neckargasse steht am unteren Planrand das Alte Rathaus von 1530.

Passage und vihlen Fuhren nicht allemal gebraucht werden kann“.

Damit waren es Sabina und Hannß Wochenauer zufrieden und ließen in ihre Bohmbgartenmauer[38] ein „ ziemblich weites Tor“ setzen, damit „ alhier nicht blos zue Irer Gastherberge , sondern auch für andere Gemargspassanten derselben Gaß wasserwegs, auch allerlei so tags, so nachts fürüberraißende Perßonen fürträglicher und gemeinnützlicher werd“.

36 Gemeinderat
37 örtlich begrenztes Gewohnheitsrecht
38 Baumgartenmauer

Herberge zum Schwarzen Bären am Fischbrunnenplatz, die Wirkungsstätte der Sabina im 17. Jahrhundert in einer Aufnahme aus dem Jahr 1927 (heute Kreissparkasse)

Die Witfrau Sabina

Nach Hannß Wochenauers um 1617 erfolgtem Tod stand Sabina mit ihren 6 Töchtern und ihren vielen großen Anwesen allein.
Die Witwe Sabina war damals nicht nur die bekannteste, sondern auch die reichste Person in Plochingen. Nach dem Steuerbuch von 1618, also zu Beginn des Dreißigjährigen Krieges, besaß sie die große Herberge zum Schwarzen Bären, ein Wohnhaus mit Hof, Scheuer und Keller gegenüber ihrer Herberge, ein weiteres Wohnhaus in der Unteren Gasse[39] und dazu noch ungefähr 80 Morgen[40] Güter. Dies entsprach in dieser Zeit einem Gesamtvermögen von 5.385 Gulden. Im Vergleich dazu hatte der damalige Schultheiß Hieronimus Buntz, der Besitzer des heute „Grafsches Haus" genannten Anwesens, nur 355 Gulden Vermögen zu versteuern.

Allein die Herberge war ein riesiges Anwesen. Dieses „Haus am Eck" hatte an der Landstraße eine Frontlänge von 51 Metern und um den 210 qm großen Innenhof gruppierten sich weitere Gebäulichkeiten.

All dies, die Herberge und die Häuser, die Felder, Weinberge und Wiesen mußten nunmehr auf Anweisung der Sabina bewirtschaftet und geführt werden. Und dazu hatte sie noch für ihre sechs Kinder zu sorgen.
Eine große Verantwortung und Arbeitsfülle ist da auf die junge alleinstehende Frau zugekommen.

39 Esslinger Straße
40 circa 25 ha

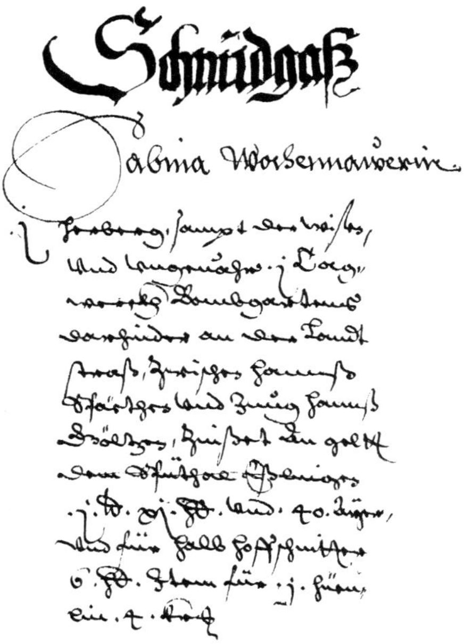

Die Herberge zum Schwarzen Bären im Plochinger Steuerbuch von 1618

„Schmidgaß
(heute Am Fischbrunnen und Esslinger Straße)
Sabina Wochenauer
Herberg samt der wißen
und ungewähr 1 Tag-
werkh Bombgartens
(Baumgartens, 1 Tagwerk = 47,28 a)
darhinder, an der Landt-
straß zwischen Hannß Göltzen, zinßt an gellt (Geld)
dem Spüthal Eßlingen
1 Pfund 11 Heller und 40 Ayer (Eier)
und für halb Hofschnitter
6 Heller. Item für 1 Huen-
lin (Huhn) 4 Kreutzer"

Sabina führte dann beinahe 40 Jahre die Bärenherberge allein weiter. Ob sie diese Aufgabe wohl übernommen hätte, wenn sie im voraus schon gewußt hätte, was auf sie und ihren Besitz in den folgenden Jahren des großen, langen Krieges zugekommen ist?

Von ihrem Vater, dem Pfarrer Reinoel, mußte sie wohl die Güte und Leutseligkeit, aber auch die Geschäftstüchtigkeit geerbt haben.

Schlimme Kriegsjahre

In den Jahren bis zum Dreißigjährigen Krieg und auch noch in den ersten Kriegsjahren florierten Handel und Wandel im Marktflecken und damit auch der Herbergsbetrieb im Schwarzen Bären. Die Sabina kam kaum zur Ruhe. Die Kinder, die Gäste, die Knechte und Mägde und die Verwaltung des großen Besitzes nahmen sie voll in Beschlag. Doch häuften sich die Truppendurchzüge, die Einquartierungen und die Übergriffe marodierender Soldaten mehr und mehr.
Was muß diese Frau in ihrer Herberge an der Durchgangsstraße in diesen Jahren alles erlebt und erlitten haben. Dort am Fischbrunnen bekam der Bären das ganze Unheil, das Morden, Plündern und Brandschatzen immer zuerst zu spüren

16 Jahre nach Kriegsbeginn erfaßte das Unheil voll den Flecken Plochingen. Es kamen die zwei schwersten Kriegsjahre auf die Gemeinde zu. Nach der Schlacht bei Nördlingen im Jahr 1634 war den geschlagenen Truppen, zu denen neben den Schweden auch die ganze württembergische Landmiliz unter Herzog Eberhard III. gehörte, der Rückzugsweg über Heidenheim, Göppingen, Plochin-

Plünderer im Dreißigjährigen Kriege

gen nach Cannstatt anbefohlen. Beinahe endlos war der traurige Soldatenzug, der mit den württembergischen und schwedischen Geschlagenen, Übermüdeten und Blessierten an diesen Tagen an Sabinas Herberge vorbeizog.
Die demoralisierten Regimenter waren nach der Niederlage durch die Bayern und Kaiserlichen noch so verwirrt und in Unordnung, daß keine Einheit mehr geschlossen unter ihrer Führung beieinander war. Die Soldaten zogen deshalb plündernd, zerstörend und raubend durch Plochingen.

Zwölf Tage nach der Nördlinger Schlacht kamen dann auf dem Rückzug auch Herzog Eberhard III. und der schwedische Oberbefehlshaber von Weimar nach Plochingen. Sie konnten jedoch in dem von ihren Truppen verwüsteten Ort kein ordentliches Quartier mehr finden, auch nicht im ersten Haus am Platze, der Herberge zum Schwarzen Bären.

Zu allem Elend fielen dann am 16. September 1634 die siegreichen Kaiserlichen in Plochingen ein. Im Schultheißenprotokoll lesen wir:" Überall wütete Mord, Raub und Brand und die Krieger mißhandelten die Inwohner auf das Schrecklichste".

Im Nördlinger Unglücksjahr hausten Hunderte von Plochingern voll Angst und Sorge im Wald. Viele flüchteten nach Nürtingen und in das durch seine Mauern geschützte Esslingen. Das Elend war riesengroß. Die Sabina blieb jedoch mit Kindern und Gesinde in ihrer Herberge.

Zu allem Unglück kam 1635 noch der „Schwarze Tod“, die Pest. Und als man an der Jahreswende 1635/36 Bilanz gezogen hat, blieben von den ursprünglich 1320 Plochinger Seelen noch ganze 248 übrig. Die Hälfte der Wohnhäuser, die Keltern, die Neckarbrücke und das noch neue Pfarrhaus von 1611 waren zerstört oder einfach nicht mehr benützbar. Die Kirchen waren ausgeplündert. Die vier Glocken der „Oberen Kürch“, der Sankt-Blasius-Kirche, und die beiden „ziemblichen Glockhen“ der Ottilienkapelle waren von den Soldaten „abgehebt, zerschlagen und weggeraubt“ worden. Wie erleichtert 1648 die Plochinger nach den Friedensschlüssen von Münster und Osnabrück waren, zeigt die damalige Pflanzung der Bühleiche und der Friedenseiche am Oberen Balkeshauweg als Mahn- und Gedenkmale. Im Jahr 1998 stehen diese beiden knorrigen Bäume nun schon 350 Jahre lang.

Die Sabina aber wirtschaftete weiter auf ihrem Bären.
Die Bärenwirtin hat in dieser schlimmen Zeit nicht nur an ihre Familie und an ihre Herberge gedacht. Sie war die gesuchte Ansprechpartnerin für die vielen verstörten Übriggebliebenen, Hilflosen und Obdachlosen. Sie gab dabei nicht nur Zuspruch und gute Ratschläge, sondern half den Verzweifelten mit Lebensmitteln, Gerätschaften und mit vielen Gulden und Kreuzern. Sabina vermittelte für die Obdachlosen Quartiere in den weniger beschädigten Gebäuden, sie überredete die glücklichen Besitzer der noch stehenden Häuser zur Aufnahme der Hilfesuchenden.
Sabinas Bären war so etwas wie ein Sozialamt in dieser harten Zeit. Alle wußten, daß die Bärenwirtin keinem die Hilfe versagte.

Ganz schlimm war es auch für die allein übriggebliebenen Älteren, die alle ihre Angehörigen durch Soldateska und Pest verloren hatten und nun hilflos in ihren verfallenden Häusern vegetierten. Für diese Armen richtete Sabina in ihrer Bärenherberge so etwas wie ein Pflegeheim ein. Als tüchtige Geschäftsfrau versuchte sie aber dann immer, die Pflegekosten aus der eventuellen Erbmasse, bestehend meist aus Grundstücken und Gerätschaften, oder auch von der Verwandtschaft eines verstorbenen Pfleglings zurückzubekommen.

Solche Abrechnungen sind im Stadtarchiv noch vorhanden. So hat z.B. im Jahr 1642 in einer Aufstellung der Pflegekosten für „Ursula, Jacob Bühls weib selige Schwester“ Sabina dem Gemeindegericht zur Feststellung ihrer Ansprüche auf Grund und Boden der Verstorbenen „ordentlich prästiert“[41]:

„Für Unterkunft und Sorge
43 Gulden 1 Kreuzer,
Mer hat sie Ursula bey werender
Kranckhheit für Wein und Essen
3 Gulden 5 Kreuzer,
Item[42], als sie iren letzten willen dem
Waisenrichter angezeigt
3 Gulden 10 Kreuzer,
Item dem Totengräber 40 Kreuzer,
den Träger 1 Gulden,
für den Sarg vor den Schreyner
1 Gulden 40 Kreuzer,
für den Leichtrunckh
Michel Schollen, metzgern 1 Gulden,
Bernhard Witzig, beckh 16 Kreuzer“.

41 vorgelegt, vorgewiesen
42 ferner

Sabina regelt ihre letzten Dinge

Sabina war in ihrem 82. Lebensjahr im Jahr 1651 darangegangen, ihre weltlichen Angelegenheiten zu regeln. Die Last der Führung der großen Herberge und die Verwaltung ihrer zahlreichen Liegenschaften war ihr zu viel geworden. Die Bärenwirtschaft samt dem großen Umschwung und allem Zubehör der Herberge trat die Wirtin an Johann Georg Schmid aus Obertürkheim, dem Ehemann ihrer Enkelin Katharina, für 1100 Gulden zum großmütterlichen Preis ab.
Einige andere Grundstücke und Liegenschaften gingen an Sabinas Tochtermänner, also nicht an ihre Töchter.
So war der damalige Brauch.
Weitere Äcker, Weinberge und Wiesen wurden 1552 im „öffentlichen Aufstreich" verkauft. Bei dieser Verkaufsart wurde zunächst mit einem Interessenten ein Kaufvertrag unter Festsetzung eines bestimmten Kaufpreises geschlossen. Dieser Vertrag behielt aber nur seine Gültigkeit, wenn bei der einige Tage später angesetzten öffentlichen Versteigerung kein höheres Gebot erreicht werden konnte.

Hochherzige Spenden

Durch den Verkauf vieler Grundstücke kam Sabina in ihren letzten Lebensjahren zu einer für die damaligen Verhältnisse riesigen Barschaft von ungefähr 1500 Gulden. Man bedenke, daß in diesen Jahren nach dem großen Krieg die – allerdings in schlechtem Zustand stehenden – Häuser rings um den heutigen Marktplatz mit 4 bis 25 Gulden gehandelt worden sind.

Mit ihrem Geld unterstützte Sabina nicht nur ihre Verwandtschaft und die Ortsarmen, sondern hatte auch ein offenes Ohr für die Sorgen und Wünsche des Pfarrers Melchior Märcklin. Die dringendsten Reparaturarbeiten an den beiden verwüsteten Plochinger Kirchen konnten nur mit Sabinas Unterstützung erledigt werden. Pfarrer Märcklin, der 1648 im Jahr der Friedensschlüsse von Münster und Osnabrück im Dorf aufgezogen ist, wohnte übrigens im Vorgängerhaus der heutigen Apotheke Laccorn, „weil das Pfarrhaus allhier sehr verwüstet war".

Kurz vor ihrem am 3. Advent 1656 erfolgtem Hinscheiden machte Sabina der Heiligenpflege noch zwei Spenden, die uns bis heute erfreuen.
Der „Unteren Kirche" schenkte sie eine Glocke, die dann1657 in Stuttgart bei Johann Georg Herold gegossen worden ist.
Für die „Obere Kirche", die Sankt Blasius-Kirche, stiftete die Alt-Bärenwirtin einen großen silbernen Meßkelch, mit der Umschrift am Fuß: „Diesen Kelch stiftet der Kirchen zu Plochingen Sabina Wochenauer geborene Reinoelin in ihrem 87. Jahr 1656".

Die älteste Glocke Plochingens hängt in der Ottilienkapelle. Sie wurde 1656 nach dem schrecklichen Dreißigjährigen Krieg von Sabina Wochenauer kurz vor ihrem Tod gespendet und 1657 in Stuttgart gegossen

Der silberne Abendmahlskelch der Sabina mit der Umschrift am Fuß: „Diesen Kelch stiftet der Kirchen zu Plochingen Sabina Wochenauer geborene Reinoelin in ihrem 87. Jahr – 1656

Faustina von Vogel,

eine Plochingerin in der ersten Hälfte des 18. Jahrhunderts

Die Gockel von Ulm und die Vogel von Ebersbach

Faustina[43] Augusta Maria, die Tochter des berühmten Ulmer Stadtarztes Gockel heiratete 1698 in Plochingen den Kornett[44] Johann Vogel, „eines hochlöblichen Schwäbischen Kraißes Erbprintz-württembergischen Regiments zu Pferde".

Faustinas Vater E. Gockel hatte ein Jahr zuvor, die in Ulm grassierende colica Ulmae, eine schmerzhafte Magen-Darmkrankheit, richtig diagnostiziert und erfolgreich bekämpft. Ursächlich für diese „widerwärtige Colic und Leibskranckheit" war das zu üppig in den nach Ulm gelieferten Esslinger Wein zur „Glättung" eingebrachte Bleisulfat gewesen.
Der Stadtarzt stand danach in Ulm und im Ländle in hohem Ansehen.

Johann Vogel war der Sohn des Ebersbacher Amtmanns und Posthalters Johannes Vogel und seiner Frau Maria. Nach dem Tod des „Kayserlichen Posthalters zu Eberspach" wurde die Ebersbacher Posthalterei 1698 nach Plochingen ins Stübersche Wirtshaus[45] verlegt; die Posthalterswitwe heiratete Hannß Leporinus[46], den Nachfolger ihres verstorbenen Mannes und zog mit ihrem zweiten Mann und ihrem Sohn nach Plochingen.

Einzug ins Schultheißenhaus

Das junge Ehepaar Faustina und Johann Vogel zog 1698 in das Haus in der Kirchgasse ein, das zuvor Wohn- und Amtshaus der Schultheißen Hieronimus Buntz und Hannß Schwehr gewesen ist[47].

Als 1705 das Haus im Schwehrschen Vermögen nicht mehr zu halten war, kauften Faustina und Johann Vogel nach dreimaligen öffentlichem Aufstreich„ eine Behausung, Scheuren, Backhaus, Hofraithen[48], samt ohngefähr drei achtell Gardtens[49] und übriger appertinenz[50] in der Kürchgassen zwischen Ludwig Mayerin und dem Stauchgraben[51], stößt vornen auf erwähnte Kürchgaß, hinten das Blinden Gäßle[52]".

Das Anwesen muß damals in einem erbärmlichen Zustand gewesen sein. Darauf deuten der außerordentlich niedere Kaufpreis von 600 Gulden und die Vormerkung im Kaufvertrag hin, die da lautet:
„man hält sich versichert, daß die Käuffer Faustina und Johann Vogel die baufällige Behausung mittelst noch die-

43 Faustina = die Glückliche
44 Kornett = Offizier und Standartenträger eines Reiterregiments
45 heute Gasthaus zum Waldhorn
46 Leporinus hieß sicher ursprünglich Hase oder Haas
47 Grafsches Haus
48 Hofraum
49 3/8 Morgen = circa 12 a
50 Zugehör
51 der Ortsbach, der von den Schafhausäckern kommend über die Schulstraße, Marktstraße, Esslinger Straße und Widdumstraße dem Neckar zufloß
52 Blinden Gäßle, heute Gablenberg

ses Jahr vornemmenden Bauweßens und Verbesserung denselben, wieder in einen guthen und sichern Stand bringen laßen werden, der fürstlichen Landes- und Forstordnung ebenmäßig und vollständiger und schleuniger reparation der sämtlichen gebäu, auch Garttengemäuer und dergleichen nothwendigkheiten verbunden seyn solle".

Herzog Eberhard Ludwig

Württemberg im Spanischen Erbfolgekrieg

Kaum waren Faustina und ihr Mann an der Kirchgasse eingezogen, da begann im Jahr 1701 der Spanische Erbfolgekrieg, in dem sich Ludwig XIV. von Frankreich und Kaiser Leopold I. von Österreich um die Erbfolge auf dem spanischen Thron stritten. Die Franzosen wurden von den Bayern unterstützt. Die Österreicher fanden Hilfe durch ein britisch-holländisches Heer, durch die Preußen sowie durch die Badener und die Württemberger.

Eberhard Ludwig, der 1693 als noch nicht ganz Siebzehnjähriger unter putschartigen Umständen in Württemberg an die Macht gekommen ist, nahm die absolutistischen Ansprüche sehr ernst. Sein Wahlspruch war: „In pugna salus", d.h. „In der Schlacht liegt das Heil". So kam ihm der Erbfolgekrieg ganz gelegen. Er zog mit Freuden mit seinen Württembergern in den Krieg. Der junge Herzog machte rasch eine außerordentliche militärische Karriere. Die Erringung des Marschallstabs war für ihn eine ganz wichtige Sache . 1712 wurde der württembergische Herzog schließlich Reichs-Generalfeldmarschall und damit ranghöchster Feldherr des Reiches. Ein Titel, der bezahlt werden mußte mit einem großen württembergischen Blutzoll und durch das Elend der notleidenden Untertanen, denen der letzte Batzen u.a. zur Bezahlung der militärischen Abenteuer herausgepreßt worden ist.

Plochinger Quartierlasten

Eberhard Ludwig sammelte und musterte 1701 seine Haustruppen auf Plochinger Markung, bevor er mit ihnen nach Offenburg abgezogen ist. 1703 lagerten am Neckarknie die Briten und die Holländer.

Besonders viel Truppendurchzüge und Truppenlager brachte für Plochingen das Jahr 1704. Die vereinigten Kaiserlichen quartierten sich hier ein. Der Herzog von Marlborough zog mit seinen Soldaten über Plochingen, das Filstal und die Geislinger Steige zur Donau. Alle diese mit Eberhard Ludwig Verbündeten hinterließen große Schäden im Dorf und in der ganzen Markung. Im Plochinger Lagerbuch wird einige Jahre später vermerkt, daß „Engelländische-Holländische-Hessische und andere dießerenden gestandene Allyrte" den Burgzaun und große Weingärten „durch das darüber gegangene Artigleri totaliter ruiniert haben" und nicht mehr mit Reben belegt werden konnten.

1708 fielen die feindlichen französischen Soldaten in Plochingen ein. Zur Abwehr von Brand und Raub mußten die Württemberger durch eine Umlage 1 Million Gulden an die Franzosen bezahlen. Auch Plochingen stöhnte unter dieser neuen Last.

1708 und 1709 gab es nichts als Truppendurchzüge und langdauernde Einquartierungen. Die „Hochgräfliche Excellence Generalfeldmarschall-Lieutenant von Horn lag ein Jahr lang mit einem Teil seiner Truppen im Flecken Plochingen. Allein an diese Einheit mußten die Plochinger neben den sächlichen Leistungen noch 420 Gulden bar bezahlen. Als es 1714 zum Frieden von Rastatt kam, war dies auch für die Plochinger eine Erlösung.

Und all diese schlimmen Kriegsjahre war die junge Faustina allein in dem großen Vogelschen Haus. Ihr Gemahl eilte mit Eberhard Ludwig von Schlacht zu Schlacht.

Der „Kriegsheld" Johann von Vogel

1704, in der Schlacht bei Höchstädt an der Donau, in der Prinz Eugen und der Herzog von Marlborough die Franzosen geschlagen und damit Wien gerettet haben, bewährten sich hervorragend die auf dem rechten Flügel agierenden Württemberger. Das Kreis-Reiterregiment des Erbprinzen von Württemberg hatte sich hierbei rühmend hervorgetan. Besondere Erwähnung fand nach dieser

Das Wappen der Familie von Vogel

blutigen Schlacht der Plochinger Kornett Vogel, der im Schlachtgetümmel die von den Franzosen geraubte Regimentsstandarte dem Feinde wieder entrissen hatte. Als besondere Belohnung bekam Vogel dieses Feldzeichen vom Herzog geschenkt. Die Standarte stand dann 35 Jahre lang bis zu Vogels Tod im Jahr 1739 in der Wohnstube des heutigen Grafschen Hauses. Anschließend wurde diese Fahne in der Sankt-Blasius-Kirche aufgestellt und kam 1802 ins Arsenal nach Ludwigsburg.

Württembergischer Reiter (um 1704)

Das Grafsche oder Vogelsche Haus zum Ende des 19. Jahrhunderts. Das Wohnhaus der Faustina von Vogel.

Faustina macht sich unentbehrlich

Doch die geachtete Offiziersfrau legte in den vielen Jahren des häufigen Alleinhausens die Hände nicht in den Schoß und beschränkte ihr Arbeiten nicht auf Hof und Herd. Die gescheite und hübsche Voglerin schien den Plochinger Amtleuten[53] Dürner und Esenwein die geeignete Persönlichkeit zu sein, um die im Quartier liegenden Chargierten[54] von der Gutwilligkeit der Plochinger zu überzeugen . Damit sollte eine Verschonung des Fleckens vor Übergriffen und Zerstörungen erreicht werden. Faustina war deshalb in den Zeiten des Erbfolgekriegs wohl so etwas wie eine Beauftragte zur geordneten Regelung des Plochinger

53 Die Plochinger Schultheißen führten von 1652 bis 1821 den Titel Amtmann. Sie waren Verwaltungsfachleute und gehörten dem Schreiberstand an.

54 Militärs mit hohem Rang

Vogel wurde wegen seiner Tapferkeit der persönliche Adel verliehen und mit dem Rang eine Obristlieutenants quittierte er 1735 den württembergischen Dienst.

Die Gemeinde Plochingen ehrte ihren berühmten Bürger, indem sie ihm und seinen Nachkommen in der Kirche einen „Ehrenstuhl mit sechs Ständen im Chor" für seine ganze Familie zur Verfügung stellte.

Aber über 30 Jahre hinweg war Johann von Vogels Ehefrau Faustina in ihrem schönen Anwesen meistens allein.

Eingang zum Grafschen Haus heute

Fremdenverkehrs. Der schönen jungen Frau konnten die fremden Offiziere die Bitten um Rücksichtnahme und um Erteilung strenger Befehle zum ordentlichen und anständigen Benehmen an die hier liegenden Truppen kaum abschlagen.
Mit allen Mitteln der weiblichen Kunst scheint dies der Faustina im großen Ganzen gelungen zu sein. Die Voglerin nützte dabei natürlich auch den legendären Ruf, den ihr Mann seit Höchstädt in der Truppe hatte, für die ihr aufgetragenen Anliegen aus. Das Vogelsche Haus wurde in diesen Jahren von den höchsten Quartierleuten eine gern besuchte Stätte. Bei einigen Gläschen Hansenwein brachte Faustina die Wünsche der Amtleute stets an die Richtigen und hat wohl den Ort so vor noch Schlimmeren bewahrt. Es wird berichtet, daß sich die fremden „Offizirs" in Plochingen sehr wohlgefühlt haben und immer nur sehr ungern weitergezogen sind.

Prinz Eugen von Savoyen

Allerhöchster Besuch im Vogelschen Haus

Ganz hohen Besuch bekam die Voglerin und ihr damals in der Heimat weilender Kriegsheld gegen Ende des Spanischen Erbfolgekriegs am 11. März 1713. „Ihro Durchlaucht Prinz Eugenius und Ihro Durchlaucht der Herzog zu Wirtemberg sind von Deizisau den Postweg heraufgereist und sind zu Bloching übernacht geblieben.". Selbstverständlich haben die hohen Gäste damals auch ihrem Helden von Höchstädt und seiner Faustina die Aufwartung gemacht. Es ist anzunehmen, daß den Ehrengästen, zu denen sich bestimmt noch der Plochinger Pfarrer Johann Wolfgang Hauff gesellte, der Hansenwein aus dem heutigen Grafschen Keller und die Köstlichkeiten aus Faustinas Küche gut geschmeckt haben. Pfarrer Hauff war zuvor Feldgeistlicher Eberhard Ludwigs gewesen und hatte sich auf diesem Posten so gut bewährt, daß der Herzog ihm die einträgliche Pfarre Plochingen zuweisen ließ.

Wir können uns denken, daß an diesem Abend die Faustina wieder ihren ganzen Charme ausgespielt und ihren doch etwas aufgeregten Mann trefflich unterstützt hat. Und wir dürfen annehmen, daß beide hochfürstliche Herrschaften ihren Plochinger Aufenthalt in bester Erinnerung behalten haben.

Faustina und Johann von Vogel standen auf der Höhe ihres Ansehens. Eine große Ehrerbietung ging ihnen allenthalben im Marktflecken zu

Das Ende der Faustina von Vogel

Faustinas Mann starb 1739 im Haus an der Kirchgasse. Für die Witfrau Faustina kam aber ein Unglück nicht allein. Schon am 13. März 1740 ängstigten sich die Plochinger über eine totale Mondfinsternis, weil diese Erscheinung ja nichts Gutes bedeuten konnte. Tatsächlich kam gleich darauf eine schlimme Kälte ins Land, so daß man die Stube im Vogelschen Haus nicht mehr warm bekam und viele Menschen und Vieh im Flecken zu Tode froren. Die Weinstöcke und Bäume gingen ein. Wohl hörte Ende März der klirrende Frost auf, aber bis zum Himmelfahrtstag blieb es andauernd kalt. Die wenigen noch davongekommenen Weinstöcke hatten zu dieser Zeit erst schwache Knöpfe, die Obstbäume blühten noch nicht und die Wiesen gaben kein Grünfutter für das Vieh.

Auch die Hoffnung der Plochinger Wengerter auf einen guten Nachsommer hatte getrogen. Schon Ende September 1740, um Michaelis[55], fiel wieder eine große Kälte ein. Die Trauben wurden daher „nicht zeitig“, so daß nur ein geringer und sehr wenig Wein in den großen Vogelschen Keller gekommen ist. Der Winter 1740/41 brachte deshalb große Not in Faustinas Haus. Als dann schließlich 1741 die Ernte wiederum nur den halben Ertrag gebracht hat, blieb der vereinsamten Frau Obristlieutenant nichts anderes übrig, als zur Linderung ihrer Not die Grundstücke auf dem Schnarrenberg[56] hinter ihrem Wohnhaus an den Ziegler Klemm und an den Vogteischreiber Löw für „dreyhundertviertzig Gulden gellt“ zu veräußern.

Die Schulden der Faustina wuchsen jedoch weiter und weiter. Allein dem Flecken Plochingen war sie 250 Gulden an Steuern schuldig. Das Vogelsche Haus ist deshalb 1744 „bey gehaltener Juridicia [57] von Amtmann und Richter Andreas Adam Drommer in „einem steten Kauff für 800 Gulden nebst sämtlicher ohnkosten“ an den Lammwirt Lemppenau gegeben worden. Faustina spürte ganz hart in diesen schlimmen Jahren, wie richtig doch das alte Sprichwort „Freunde in der Not, gehen auf ein Lot“ ist und wie schnell Ruhm und hohe gesellschaftliche Anerkennung schwinden können.

In dem Kaufvertrag von 1744 mußte der Lammwirt noch folgende Bedingungen akzeptieren: „expresse[58] ist angedingt, die Frau Voglerin lebenslang und ohne Zinnß in ihrem Hauß und zwar in dem unteren Stüblen und Cämmerlein laßen, auch ihro zum Holtz den erforderlichen Platz einräumen und zugleich in ihrem Stüblen und Cämmerlein das benöthigste reparieren zu laßen“.
Die einstens schöne, gescheite und lebenslustige Faustina von Vogel, geborene Gockel aus Ulm, legte sich in ihrem kleinen Cämmerlein im heutigen Grafschen Haus bald darauf zum Sterben, ohne daß von ihrem Heimgang viel Notiz im Flecken genommen worden ist.

Eine Plochinger Frau in der ersten Hälfte des 19. Jahrhunderts.

55 29. September
56 ortsnahe Weinberglage. Im Dorf hörte man die Wengertschnärren, die Rätschen aus diesem Gewann sehr gut
57 Richterspruch
58 ausdrücklich

Die Scortation, das fleischliche Verbrechen, der Christina Catharina Ortlieb

Eine Wengerterfrau in der napoleonischen Zeit

Nachbarn

An der Wende vom 18. zum 19. Jahrhundert zogen die Wengerter Alt Leonhard Ortlieb und Johann Friedrich Fritz in ihre neuerbauten Häuser am Wallenweg[59] und am Staubach mit ihren Familien ein. Den Fritzen gehörte das heutige Grundstück Schulstraße 6, den Ortliebs das jetzige Anwesen Gablenberg 12.
Die beiden eng aufeinander wohnenden Familien verstanden sich gut und halfen einander, wenn es nötig war, freundnachbarlich aus. Auch die Fritzschen und die Ortliebschen Weinberge lagen in den „Gotteshäusern“[60] direkt nebeneinander, so daß sich auch bei der Arbeit im Wengert ein „Zusammenschaffen“ und gegenseitiges Unterstützen angeboten hat. Viele der anfallenden Arbeiten, wie z. B. die Reparaturen an den Trockenmauern, das Hinauftragen der nach Unwettern heruntergeschwemmten Erde, der Transport des Ziegenmistes usw. wurden miteinander abgesprochen und erledigt.

Liebe

Mit ihren Eltern sind in die beiden Häuser am Wallenweg die 20jährige Christina Katharina Fritz und der 23jährige Jung Leonhard Ortlieb eingezogen. Die Christina hatte gleich ein Auge auf den strammen Ortliebburschen geworfen und beobachtete stets heimlich von ihrem Küchenfenster aus, wie geschickt

Wengerterhaus Gablenberg 12. (1998) Hier wohnte Christina Katharina Ortlieb geborene Fritz von 1809 bis 1823. Der Anbau zur Schulstraße stammt erst aus dem Jahr 1936. Links Haus Schulstr. 6.

Das Elternhaus der Christina Catharina Ortlieb, Schulstraße 6 (Aufnahme 1966)

59 Wallenweg (heute Schulstraße) = der Wallfahrtsweg zur Kapelle in den Lettenäckern. Die Wallfahrtskapelle stand einst dort, wo heute der „Laubenhof“, Lettenackerstraße 1, ist. In den Lettenäckern haben wir heute noch die drei „Käppeleswege“, auf denen früher die Reichenbacher zur Kapelle gegangen sind.

60 Gotteshäuser = Weinberge, die dem Gotteshaus Sankt Blasien zehntpflichtig waren.

der Leonhard den Ausbau des neuen Hauses zusammen mit seinem Vater erledigte. Und auch der junge Ortlieb konnte das fleißig im Nachbarhaus wirkende hübsche Mädle einfach nicht übersehen. Es entwickelte sich bald eine gegenseitige feste Zuneigung zwischen den Wengerterkindern.

Im Auszug

Doch mitten im trockenen, heißen Sommer 1800, als sich ein hervorragender Hansenwein ankündigte, mußte sich Jung Leonhard Ortlieb mitten bei den restlichen Ausbauarbeiten am Gablenberghaus zur Rekrutenaushebung stellen. Der im Dienste Friedrichs des Großen und der Kaiserin Katharina von Rußland herangebildete Herzog Friedrich II. wollte im schroffen Gegensatz zu den neugewählten Landständen eine große stehende bewaffnete Macht unterhalten, um seine eigenständige Rolle bei den Großmächten Frankreich, England und Österreich spielen zu können. So mußte der junge Ortlieb dann in seinem Rekrutenjahr die verschiedenen Feldzüge des württembergischen Herzogs im sogenannten Zweiten Koalitionskrieg an der Seite der Österreicher und Engländer gegen die Franzosen im Bayerischen mitmachen.
Inzwischen hat dann der Vater Ortlieb das Wengerterhaus allein vollends fertiggestellt. Die Freude über das gelungene Werk und über die gesunde Heimkehr des Sohnes aus dem Krieg ließ alle Mühsal für kurze Zeit vergessen.

Kapitulationszeit

Gefreut über die glückliche Heimkehr des Allerliebsten hat sich selbstverständlich auch die Christina Katharina. Aber ans Heiraten war nicht zu denken. Ein junger Mann durfte während seiner Kapitulationszeit[61] nur in ganz besonderen Ausnahmefällen und nur auf besondere herzogliche Genehmigung eine Heirat eingehen. Der Herzog wollte so von vorneherein sicherstellen, daß bei verordneten Einberufungen nicht familiäre Umstände bei Bittstellungen gegen eine Aushebung vorgebracht werden konnten. Frühestens im Jahr 1806 konnte so das Paar sich copulieren[62].

Heimaturlaub

Sobald keine weiteren Kriegszüge bevorgestanden sind, entließ der Herzog, um Kosten zu sparen, den größten Teil seines Heeres nach Hause. So konnten Christina und Leonhard als Nachbarskinder sogar manches Jahr am Wallenweg beieinander sein und arbeiteten auch im Gotteshäuser-Wengert, wenn es sich irgendwie einrichten ließ, miteinander zur gleichen Zeit.

Schließlich wurde im Jahr 1803 im Haus der Familie Fritz Verlobung gefeiert. Die Brauteltern Anna Magdalena und Johann Friedrich Fritz und die Eltern des Bräutigams Anna Magdalena und Alt Leonhard Ortlieb freuten sich über die gute Wahl, die ihre Kinder getroffen hatten.

Aber an eine Heirat durfte nach dieser Versprechung wegen des allerhöchsten herzoglichen Erlasses noch lange nicht gedacht werden.

61 Kapitulationszeit = Zeit der in der Regel achtjährigen Militärdienstpflicht, in der man vor dem Herzog kapitulieren, d. h. sich ihm ganz ergeben mußte.

62 copulieren = verbinden, heiraten

Plochinger Wengerterpaare tanzen auf den oberen Bruckenwiesen.
Aquarell aus der ersten Hälfte des 19. Jahrhunderts.
Das Bild wurde im November 1997 beim Abbruch einer Zwischendecke
im Erdgeschoß der Firma Otto von Architekt Roland Stribel
in einer Wandnische entdeckt.

Und so kam es eben wie es kommen mußte. Im Jahr 1804 gebar die junge Frau ihren ersten Sohn, den Leonhard, der dann in der Ottilienkapelle vom Pfarrer Johannes Nast getauft worden ist. Für uneheliche Kinder gab es keine Taufe in der Sankt-Blasius-Kirche. Den vorehelich Geborenen hatte das „Käppele“ zu genügen.
Christinas Erstgeburt überlebte die Taufe nur um einige Tage.

Am 10. Januar 1805 erblickte das zweite uneheliche Kind der jungen Wengerterin, die Maria Katharina, im Fritzschen Wallenweghaus das Licht der Welt. Auch dieses Mädchen kam nicht aus dem Säuglingsalter heraus und wurde nur 19 Tage alt.

Erneuter Auszug

Im gleichen Jahr 1805 mußte Jung Leonhard Ortlieb noch einmal als Soldat in den Auszug. Der nunmehrige Kurfürst Friedrich hatte am 2. Oktober 1805 in Ludwigsburg mit Napoleon einen Allianzvertrag geschlossen. Nachdem sich Bayern bereits für Napoleon entschieden hatte, blieb Friedrich keine andere Wahl mehr, als den Anschluß an den großen Franzosen zu suchen. Danach hatte Württemberg, gleichsam als Honorar für die Kurfürstenwürde und als Vorauszahlung für die bald kommende Königswürde, noch im laufenden Dritten Koalitionskrieg gegen Österreich 10 000 Mann, 800 Pferde und 16 Geschütze zu stellen. Am 17. Oktober 1805 wurde dann bei Ulm das österreichische Heer unter General Mack entscheidend besiegt. Der riesige Zug der österreichischen Kriegsgefangenen ging zwei Tage lang durch Plochingen. Im nachfolgenden Feldzug rückte unser junger Plochinger Wengerter Ortlieb mit den württembergischen Truppen bis Krems an der Donau vor. An der berühmten Dreikaiserschlacht am 2. Dezember 1805 bei Austerlitz waren aber die Württemberger nicht mehr beteiligt.
Als Gegengabe für den hohen württembergischen Blutzoll erhielt der Kurfürst großmütig von Napoleon durch den Brünner Vertrag vom 12. Dezember 1805 die seither vorderösterreichischen Gebiete um Ehingen, Riedlingen, Mengen, Saulgau, Munderkingen, die Grafschaft Hohenberg, die Besitzungen der Deutschordensherren und der Johanniter zugesprochen. Vierzehn Tage später

Georg Friedrich Schmidhäuser, ein Soldat der „Württembergischen Jäger“ 1805

wurden dem württembergischen Kurfürsten beim Preßburger Frieden die volle Souveränität und die Königswürde zuteil.

Die eingetriebenen Quartier- und Vorspannlasten[63] und die Einrichtung eines Feldlazaretts summierten sich 1805 im Flecken auf 5348 Gulden.

Der neugekrönte König Friedrich I. verstand die erlangte Souveränität als gänzliche Unabhängigkeit nach innen wie nach außen, hob die Verfassung auf und Württemberg wurde zu einem streng absolut regierten Staat.
Dies sollten auch die Plochinger bald zu spüren bekommen.

Gott sei Dank kehrte Jung Leonhard Ortlieb in den ersten Januartagen 1806 wohlbehalten ins Haus am Wallenweg zurück. In der großen Wiedersehensfreude wurde gleich über einen baldigen Hochzeitstermin gesprochen, der dann von Pfarrer Johannes Nast auf den 20. Mai 1806 festgesetzt worden ist. Nach dem Kirchgang feierte die große Verwandtschaft der Plochinger Ortlieb und Fritz im ersten Stock des Rat- und Bürgerhauses in der „Neccargasse“[64].

Erste Ehejahre

Die Neuverheirateten wohnten zunächst in einer Dachstube des Hauses Fritz. 1807 wurde ihnen die Elisabeth Barbara geschenkt, die sich später nach Kirchheim/Teck verheiratete. Im November 1808 meldete sich der Johann Leonhard zur Stelle, der allerdings nur 11 Jahre alt werden sollte. Tag für Tag war das junge Ehepaar im steilen Weinberg in den „Gotteshäusern“ am Werk, immer in der Hoffnung, daß der heilige Urban ihnen ein gutes Weinjahr beschere.

Viel Unruhe herrschte 1809 im Flecken. Der Krieg zwischen Frankreich und Österreich war erneut ausgebrochen und brachte laufend französische Truppendurchzüge durch Plochingen.
Schwer lasteten auf der Plochinger Einwohnerschaft die Quartier- und Vorspannlasten. 1809 mußte der Marktflecken die riesige Summe von 22 347 Gulden und 16 Kreuzer aufbringen.
Die durch harte Kontributionen[65] und durch ständige Einquartierungen geplagten Bürgerinnen und Bürger zeigten deshalb auch nur sehr verhaltenes Interesse beim ersten Besuch König Friedrichs I. in Plochingen am 31. März 1809.
Die befohlenen Hochrufe kamen sehr gedämpft aus den Kehlen. Auch bei der Übernachtung Napoleons in der „Krone“ am 15./16. April 1809 konnten sich die geplagten Plochinger auch durch langes Läuten der Kirchenglocken und durch das angeordnete Salutschießen nicht zu spontanen Freudenkundgebungen entschließen.

Endlich ein eigenes Heim

Alt Leonhard Ortlieb wurde nach dem Tode seiner Frau immer schwächer und mußte gepflegt werden. Deshalb hielt der Vater es im Jahr 1809 für geboten, sein immer stärker verschuldetes Haus am Wallenweg der jungen Ortliebfamilie zu übergeben.

63 Für die durchfahrenden Fourage- und Materialfuhrwerke mußten frische Pferde oder Ochsen gestellt werden. Die Tiere, die bis Plochingen vorgespannt waren, kehrten dann in ihre heimatlichen Ställe zurück.

64 das Rathaus wurde 1977 von der Neckarstraße an den heutigen Marktplatz versetzt, weil es an seinem alten Standort dem Verkehr im Wege war.

65 Kontributionen = Kriegssteuern

Christina und Leonhard willigten sofort ein, das Haus zu übernehmen, obwohl sie sich dabei eine riesige Schuldenlast aufgebürdet haben. Es war einfach allerhöchste Zeit, daß sie für ihren Hausstand mehr Platz bekamen.

Sie mußten die 400 Gulden Schulden des Vaters Ortlieb samt Zinsen[66] bei der Wellingschen Curatel[67] binnen vier Wochen zurückzahlen. Dazu haben sie beim Handelsmann Gottfried Friedrich Hallberger[68] aus den von diesem verwalteten Pflegschaften 350 Gulden als Darlehen übernommen. Das restliche Geld zur Schuldentilgung hatten sie entweder selbst zusammengespart oder von der Verwandtschaft günstig geliehen bekommen. An einen Verkauf von Weinberggrundstücken konnten sie nicht denken, weil sonst die Existenzgrundlage weggewesen wäre. Dabei muß man bedenken, daß das Jahreseinkommen der Wengerterfamilie aus dem Weinverkauf, sofern alles im Weinberg gut gegangen war, bei ungefähr 60 Gulden lag[69].

Aus der Gerichtsurkunde über das Darlehen aus der Hallbergerschen Curatel geht noch hervor, daß „das Eheweib Christina Catharina dato vor Gericht sich zur Bezahlung der 350 Gulden mit Zinßen, auch etwaiger Kosten und Schätz(gebühr) in solidum[70] verbindlich gemacht und auch ihrer weiblichen Freiheiten durch Angeloben an den Gerichtsstab feierlich renunoiret[71] hat", daß sie also für die Bezahlung voll mithaftet.

Trotz der hohen Belastungen meinten die jungen Ortlieb-Eheleute nun das Schwierigste hinter sich zu haben. Es konnte eigentlich von jetzt an nur noch besser werden.

Von morgens bis abends in Haus, Feld und Weinberg bei der Arbeit.

Erneute Einberufung

Aber kaum war die Hausübernahme unter Dach und Fach, da wurde 1809 der Jung Leonhard Ortlieb durch einen Stellungsbefehl für das neu aufgestellte württembergische Landbataillon zu einer weiteren Dienstzeit von vier Jahren aufgeboten.

In ihrer Verzweiflung gingen die Ortliebs zu dem Amtmann Fetzer aufs Rathaus

66 üblicher Zinssatz für Darlehen war in dieser Zeit 4,5 - 5 %
67 Pflegschaft für die unmündigen Kinder der Frau Helene von Welling
68 Hallberger führte das Eisenhandelsgeschäft beim Fischbrunnen (später A.A. Braun) von 1796 bis 1837.
69 für 1 Gulden bekam man 1809 ungefähr 6 kg Schwarzbrot
70 solidum = zuverlässig
71 abgesagt

und klagten ihm ihr Leid. Der sah ein, daß diese erneute Einberufung für die junge Familie eine ganz schlimme und existenzvernichtende Sache gewesen wäre, zumal die Ortliebin dazumal ihr fünftes Kind unter dem Herzen getragen hat. Amtmann Fetzer schrieb daraufhin am 21. August 1809 an das „Hochlöbliche Königliche Oberamt zu Eßlingen" eine Eingabe. Er bat dabei dringend, den Ortlieb, der demnächst für Weib und drei lebende Kinder zu sorgen habe, vom Landbataillondienst zu befreien. Jung Leonhard Ortlieb habe „durch käufliche Übernahme eines Hauses von seinem Vater ein unverhältnismäßig verschuldetes Vermögen und deßwegen mit Auftreibung der Zinßen umsomehr zu kämpfen, weil er zugleich auch seinen armen betagten Vater zu unterstützen habe".
Nach den Unterlagen des Plochinger Stadtarchivs muß diese schultheißliche Petition den gewünschten Erfolg gehabt haben.

Christina und Leonhard Ortlieb konnten nun darangehen, mit ihrer Wengertarbeit, mit zwei Geißen und mit Gelegenheitsarbeiten den Unterhalt der Familie einigermaßen zu sichern.

Die Scortation

Doch drohte 1810 gleich nach der Geburt des fünften Ortliebkindes, dem später im Alter von zehn Jahren im Neckar ertrunkenen Johann Friedrich, neues Unheil.
Das herzogliche General-Reskript[72] von 1795 zur Bestrafung der Scortation[73] wurde durch den allerhöchsten Willen von Friedrich von Gottes Gnaden, König von Württemberg, am 31. Juli 1806 präzisiert und verschärft. Den „lieben Getreuen in Gnade erwogen" hatte Friedrich, auch rückwirkend, die neuen Strafmaße für den ersten bis fünften unehelichen Beischlaf verkündet. Die Strafmaße gingen dabei von 20 bis130 Gulden. Dabei hatten nicht etwa die betreffenden Männer, sondern die geschwängerten Frauen diese Strafen auf sich zu nehmen. Erst von der vierten Scortation an wurden auch die Männer belangt. Die dabei verhängten Leibesstrafen wurde bei den Frauen mit vier, bei den Männern mit zwei Monaten Arbeitsdienst geahndet.

Friedrich von Gottesgnaden brauchte Geld für seine Soldaten und für seine prunkvolle nunmehr königliche Hofhaltung. Weil ja die jungen Männer vor dem Ende ihrer Militärdienstzeit nur in ganz besonderen Ausnahmefällen die allerhöchste Heiratsgenehmigung erhalten haben, war die Besteuerung des vorehelichen Beischlafs nach der neuen Scortationstabelle eine ganz einträgliche Einnahmequelle für die königliche Kasse. Der König hatte durch die langen Dienstpflichtzeiten stets viele Soldaten zur Verfügung und das Heiratsverbot während dieser Zeit brachte ihm auch viel Geld, mit dem er seine Militärkosten bezahlen konnte. Die Plochinger Gerichtsakten aus dieser Zeit beweisen nachdrücklich, wie oft im Dorf des Fleisches Lust über die strenge königliche Anordnung gesiegt hat und das Cameralamt die Strafgelder einziehen konnte.

72 Rescript = Erlaß
73 Scortation = fleischliches Verbrechen

Nun haben die Mühlen der Verwaltung auch in der napoleonischen Zeit nicht besonders schnell, dafür aber dann besonders gründlich gearbeitet. Offenbar durch den Freistellungsantrag des Amtmanns Fetzer vom 21. August 1809 ist das Königliche Oberamt in Esslingen wohl daraufgekommen, daß die Ortliebs schon vor der Eheschließung einen doppelten Kindersegen gehabt haben. Im Mai 1810 wurde vom Büttel im Ortliebhaus ein Schreiben des Königlichen Oberamts und der Hochlöblichen Cameralverwaltung abgegeben, nach dem das Ortliebische Eheweib für ihre 1804 und 1805 erfolgten fleischlichen Verbrechen die doppelte Scortationsstrafe von 44 Gulden zu bezahlen hatte.

Es war zunächst ein Glück für die junge Familie, daß sie auch in dieser Sache in dem Amtmann Fetzer einen guten Freund und Fürsprecher hatte. Dieser schrieb am 17. Mai 1810 an die königlichen Ämter, daß die Ortliebische Ehefrau schon vor ihrer ersten außerehelichen Schwangerschaft mit ihrem jetzigen Mann verabredet hätte, ihn „nach Verfluß seiner Capitulationszeit heurathen zu wollen". Auch sei es „wirklich notorisch, daß der Verspruch bereits zu einer Zeit war, wo das zweite Fleischesvergehen noch nicht geschehen sein konnte".
Amtmann Carl Friedrich Fetzer versicherte in seinem Schreiben dann noch, daß jung Leonhard Ortlieb „niemalen ein

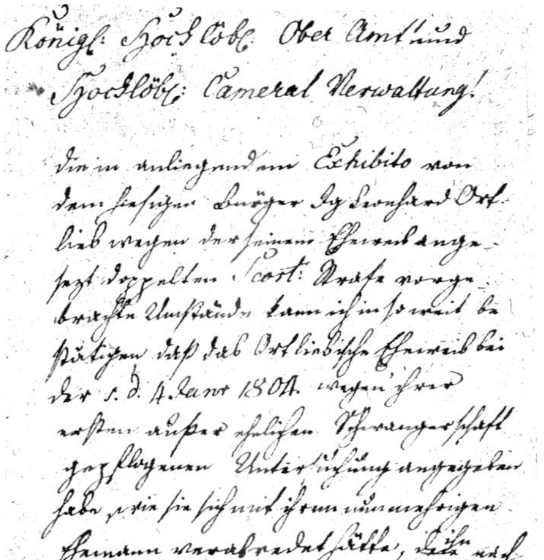

Aus dem Conceptbuch 1810, Seite 355,des Plochinger Amtmanns Carl Friedrich Fetzer, geschrieben am 17. Mai1810:

Königl. Hochlöbl. Oberamt und

Hochlöbl. Cameral Verwaltung!

Die im anliegenden Exhibito (Vorlage) von dem hiesigen Bürger Jg. Leonhard Ortlieb wegen der seinem Eheweib angesezt doppelten Scort:Strafe vorgebrachten Umstände kann ich insoweit bestätigen, daß das Ortliebische Eheweib bei der A.D. 4 Janr 1804 wegen ihrer ersten außer ehelichen Schwangerschaft gepflogenen Untersuchung angegeben habe, wie sie sich mit ihrem nunmehrigen Ehemann verabredet hätte, ihn nach Verfluß seiner Capitulationszeit heurathen zu wollen.....

der Ausschweifung ergebener Mensch gewesen ist, und die wegen seiner fürgedauerten Capitulationszeit verspätete Vollziehung seines Eheverlöbnißes Anlaß zu diesen Vergehungen gegeben hat und den Supplicanten[74] die allergütigste Gewährung ihres Petiti[75] sehr zu gönnen wäre".

Leider hatte die Eingabe keinen Erfolg. Die Scortationsstrafe, welche die Ortliebische Familie fast erdrückte und in noch größere Not stürzte, war nur einige Tage lang das Fleckengespräch . Die harten Zeiten des Jahres 1810 ließen solche „Kleinigkeiten" schnell wieder vergessen.

Die „Pflichten der Unterthanen"

Am letzten Maisonntag des Jahres 1810 ließ Pfarrer Nast wieder einmal das Lied Nr. 525 aus dem Württembergischen Gesangbuch von 1791 über „die Pflichten der Unterthanen" singen:

1. Ehr, o Christ die Obrigkeit,
wie dir Gottes Wort gebeut,
Frevelhaft ihr widerstehen,
Heißt sich an Gott selbst vergehen.

2. Zur gemeinen Wolfahrt sey,
den Gesezen stets getreu,
denn, wer diese gern vollführt,
ist so frey, als der regiert.

3. Ehre, Furcht, wem sie gebühret,
Schoß und Zoll, dem der regieret,
Gib als gäbst du's Gott dem Herrn,
was du schuldig bist stets gern.

Die jungen Ortliebleute haben wohl kräftig mitgesungen und auf dem Heimweg vom Kirchberg zum Gablenberg über das gemeine Volk der Untertanen im allgemeinen und über ihr notdürftiges Lebensschicksal im besonderen nachgedacht. Sie haben sicher still vor sich hin sinniert über ihr Plochinger Wengerterleben in der napoleonischen Zeit.

Christinas Ende

Im Jahr 1814 gebar die Ortliebin ihr 6. Kind Johann Georg, 1815, als die Hungersnot durch die laufenden Mißernten dem Höhepunkt zustrebte, das Brot plötzlich das Dreifache kostete und allenthalben Wucherpreise verlangt worden sind, den Johann Jakob, 1820 die Christina Katharina und schließlich 1822 als 9. Sprößling den Johann Jakob. Nur zwei ihrer neun Kinder hatten die Volljährigkeit erreicht.

Am 20. Dezember 1823 hat sich die Christina Katharina Ortlieb geborene Fritz im Alter von 43 Jahren völlig ausgebrannt zum Sterben gelegt.

Eine Plochinger Wengerterin in der napoleonischen Zeit!

74 Bittstellern
75 Gesuchs

Die Hallberger-Mädle vom Plochinger Fischbrunnenplatz

Helene von Reitzenstein und Gabriele Gräfin Landberg von Hallberger

Das herzogliche Eisenhandelskontor

Gleich nach dem Dreißigjährigen Krieg gründete Michael Witzig im ehemaligen Roggenburger Klosterhof (heute Am Fischbrunnen 6, Volksbank) die herrschaftliche Eisenfaktorei. Dort, wo bis in die beginnende Neuzeit hinein die Prämonstratenser des bedeutenden Barockklosters in der Nähe von Weißenhorn ihre Plochinger Hansenweine zwischengelagert hatten, richteten die Witzigs ihr Handelshaus ein.

Nach dem großen und schlimmen Krieg mußte allenthalben aufgebaut werden. Da war es wichtig, für die ganze Region eine Faktorei[76] an einem günstig zu erreichenden Ort zu haben. Da hat sich selbstverständlich der Fischbrunnenplatz, bei dem die Straßen aus dem Remstal, dem Filstal und dem oberen und unteren Neckartal zusammengetroffen sind, für ein Geschäft angeboten. Für die damaligen 250 Plochinger allein hätte sich eine solche Spezialhandlung nicht rentiert. Handwerker, Weingärtner und Bauern aus der ganzen Plochinger Umgebung fanden in der Witzigschen Faktorei alles, was sie aus Eisen gebraucht haben.

136 Jahre wurde das Handelsgeschäft durch die Familie Witzig betrieben. 1786 verlegten sich die Witzigs ganz auf den Weingärtnerberuf und der Kaufmann Christoph Ferdinand Löckle übernahm den Eisenhandel. Löckle kaufte am 19. Juni 1786 das Gasthaus zum Engel, (heute Am Fischbrunnen 1 (früher A.A. Braun, jetzt Karl Josef Maier "Göckeles-Maier") und richtete in seinem Anwesen die Eisenfaktorei ein. Löckle starb schon 1795.

Daraufhin heiratete die Witfrau Katharina Margaretha Löckle, die aus dem bekannten Plochinger Lützegeschlecht stammte, 1796 den Pfarrerssohn Gottlieb Friedrich Hallberger aus Endingen bei Balingen, der mit Hilfe seiner geschäftstüchtigen Frau die Eisenhandlung

Rechts beim Fischbrunnen das stattliche Gebäude des ehemaligen Hallbergerschen Handelshauses (später A. A. Braun)

76 Faktorei = Handelsniederlassung

am Fischbrunnenplatz erfolgreich weiter betrieben hat. 1823 wurde der bei Hallberger schon längere Zeit arbeitende 30jährige Kaufmann August Albrecht Braun aus Reutlingen ins Plochinger Bürgerrecht aufgenommen und heiratete im gleichen Jahr die hübsche und gescheite 25jährige Hallbergertochter Johanna Wilhelmine Friederike.

Weil der Hallbergersohn Ludwig, in Plochingen nur Luis genannt, kein Interesse am Eisenhandel gezeigt hat, übernahm A.A. Braun nach dem Tode des Hallberger-Vaters im Jahr 1837 das Handelshaus.

Luis Hallberger und die Bücher

Der Hallbergersohn Luis lernte zunächst den Textilhandel, beteiligte sich aber schon 1827 an der Brodhagschen Buchhandlung zu Stuttgart und gründete bald darauf im Jahr 1831 die Hallbergersche Verlagsbuchhandlung, die später ab 1881 als DVA (Deutsche Verlags - Anstalt) geführt worden ist. Hallberger brachte Bücher der bedeutendsten Schriftsteller jener Zeit auf den Markt und wurde rasch zu einem der wichtigen literarischen Verleger im Königreich Württemberg.

Eduard von Hallberger

Luis´ Sohn Eduard lernte das Verlegergeschäft von Grund auf, vom Setzkasten bis zum Kontorpult. Er gründete 1853 die Zeitschrift „Illustrierte Welt" mit 150 000 Abonnenten und 1858 das große deutsche Familienblatt „Über Land und Meer". Die Verlagsanstalt expandierte in einem atemberaubenden Tempo. Die Stuttgarter Häuser Königstraße 5 und 18 reichten bald nicht mehr aus.. 1870/71 mußte das große Verlagsgebäude in der Neckarstraße errichtet werden.
1869 wurde Eduard geadelt.
Er gründete die Stuttgarter Gemeinnützige Baugesellschaft, regte die Einrichtung der Stuttgarter Pferdebahn an, baute die Cannstatter Zuckerfabrik, die Papierfabriken in Salach, Süßen und Wildbad, die große Plochinger Hadern-Sortieranstalt an der Widdumgasse, ein Mustergut mit Molkerei in der Schweiz, Kohlengruben und ein Eisenhüttenwerk in Schlesien.

Eine Brauerei in Tutzing und das Schloß Tutzing am Starnberger See als Alterssitz runden das Bild des erfolgreichen Unternehmers Eduard von Hallberger ab.

Die Hadern-Sortieranstalt der Deutschen Verlags-Anstalt in der Plochinger Widdumgasse. Das Gebäude vorne rechts gehörte nicht zur Fabrik. Es ist das heutige Gebäude Esslinger Straße 25 (das erste Johanniter-Krankenhaus).

Gabriele
Gräfin Landberg von Hallberger
(1850 - 1915)

Helene
Freifrau von Reitzenstein
(1854 - 1944)

Die beiden hübschen Töchter Eduard von Hallbergers, des Gründers der Deutschen Verlags-Anstalt.

Gute Partien

Als Eduard von Hallberger 1880 gestorben ist, hinterließ er seinen beiden Töchtern ein für die damalige Zeit riesiges Vermögen von 10 Millionen Goldmark[77], in heutige Währung umgerechnet ungefähr 170 Millionen DM.
Die damals 30jährige Gabriele und die 27jährige Helene von Hallberger waren wohl die reichsten Mädle in Württemberg.

Beide liebten als verwöhnte reiche Erbinnen den extravaganten Luxus. Vor allem gilt dies für die ältere1850 geborene Gabriele. Doch beide erregten in dem damals noch sehr bieder-ländlichen Tutzing bei den Einheimischen und bei den Sommergästen als mondäne, superelegante Damen stets größtes Aufsehen. So brachte z. B. Gabriele von einer Ägyptenreise einen Schwarzen als Diener mit nach Hause, dem sie in Tutzing ein von Gold strotzendes orientalisches Kostüm verpaßte. Wenn die Hallbergertochter mit ihrer prächtig bespannten Equipage[78] ausgefahren ist, hatte der Ägypter neben dem Kutscher auf dem Bock zu sitzen.
Die Verbindungen von schwerreichen Bürgerstöchtern mit adligen Schwiegersöhnen brachte also auch bei den sonst für ihre Sparsamkeit bekannten Württembergern eine weit über das übliche Maß hinausgehende Prachtentfaltung.

77 1 Goldmark = frühere deutsche Rechnungseinheit, definiert als der 1395. Teil des Pfundes Feingold = 0,3584g Feingold
78 Equipage = elegante Kutsche

Doch ist auch lobend zu vermerken, daß die Hallberger-Erbinnen erkannt hatten, daß es eine noble Pflicht in ihrem Reichtum gewesen ist, einen Teil ihres Einkommens der Gesellschaft wieder zukommen zu lassen.
So wurde 1892 die mit 1 Million Goldmark dotierte „Hallbergerstiftung" für unverschuldet verarmte Familien aus dem Gewerbestand gegründet.

Gabriele

Die ältere Gabriele, die überaus hübsche aber auch außerordentlich exzentrische[79] Hallbergertochter, heiratete im Jahr1870 zunächst den später geadelten Breslauer Bankier Philipp Moritz von Eichborn. Schon nach zehn Jahren ließ sie sich scheiden. In zweiter Ehe heiratete sie 1884 den reiselustigen Schweden Carlo Graf Landberg. Dieser zweite Ehemann war halb Abenteurer, halb Gelehrter und ein bißchen auch ein Dichter. Graf Landberg betätigte sich ab und zu auch als Reiseorganisator für die Créme der Stuttgarter Gesellschaft. Auch diese Ehe wurde bereits 1899 wieder geschieden. Gabriele Gräfin Landberg von Hallberger starb bereits 1915 in Tutzing.

Helene

Die jüngere Hallbergertochter Helene ehelichte1876 den damaligen Rittmeister Carl Freiherrn von Reitzenstein-Zoppaten, zuletzt Oberhofmarschall ihrer Majestät der Königin von Württemberg, Flügeladjutant[80] des Königs, später Oberstleutnant und Rechtsritter des Johanniterordens.

Helenes Mann war der Sohn des Generals Carl Bernhard von Reitzenstein, der die württembergischen Truppen im Krieg 1870/71 gegen Frankreich befehligt hatte.

Carl Freiherr von Reitzenstein führte seine Frau am Stuttgarter Königshof ein und bald entstand eine enge freundschaftliche Zuneigung zwischen Königin Charlotte und Helene. Auch nach dem Tode ihres Mannes verbrachte Helene die meiste Zeit des Jahres am Hofe König Wilhelms II.

Die vermögende Helene kaufte 1884 den alten Familiensitz der Reitzensteiner im Frankenwald in der Nähe von Bad Steben, die „Veste Reitzenstein", zurück. Zerstörungen im Dreißigjährigen Krieg und hohe Schuldenlasten hatten einst die Familie zum Verkauf des Stammsitzes gezwungen.
Helene von Reitzenstein ließ in diesem neu restaurierten Schloß Reitzenstein eine große Bibliothek einrichten, in der alle Erstausgaben der Hallbergerschen Verlagsanstalt vertreten sein mußten. Wilhelm Raabe, Freiligrath, Fontane, Isolde Kurz, Balzac, Dickens, Kipling, Zola, Tolstoi, Mark Twain, Maxim Gorki, George Sand, Lew Wallace mit seinem Bestseller „Ben Hur" sind deshalb heute noch dort zu finden, genauso wie viele Bände der erfolgreichen Hallbergerschen Illustrierten.

79 exzentrisch = sich überspannt gebende
80 dem König beigeordneter Offizier

Die Witwenzeit Helenes.

Schon 1897 starb der Mann der Baronin. Die Ehe war kinderlos geblieben, so daß die damals 44jährige Witwe allein lebte, meist in Stuttgart. Im Jahr 1906 machte sie eine große Weltreise. Kurz danach faßte sie den Entschluß, dem Trend der Zeit folgend, ein großes schloßartiges Haus auf den Höhen Stuttgarts zu bauen, um der Ruhe und der besseren Luft wegen von ihrem Sitz in der Königstraße wegzukommen und um für sich und Königin Charlotte einen gemeinsamen Witwensitz zu erstellen.

Nach langem Suchen wählte Helene ein 2,5 ha großes Grundstück auf der damals noch kaum überbauten beherrschenden Höhe der Gänsheide in der Nähe des Bubenbads aus. Damit der Architekt Schlösser Anregungen für den Bau sammeln konnte, schickte ihn die Bauherrin nach Italien, zu den Loire-Schlössern und nach Berlin. Die Baronin Helene setzte den Bauleuten keine Kostenobergrenze. Zwischen 1910 und 1913 entstand der prächtige Bau in Maulbronner Sandstein. Im palastartigen Kuppelbau sollte alles, was gut und teuer war, eingebaut werden. Das große Haus und der herrliche Park kosteten die damals riesige Summe von 2,8 Millionen Goldmark.
Ein Handwerker soll einmal beim Architekten sinniert haben:
„Ond des älles om oi Bedlad rom".

Villa Reitzenstein

Schwäbisch bescheiden nannte die Witfrau das Schloß auf der Gänsheide nur „Villa Reitzenstein".
In dem neuen Haus versammelte sich regelmäßig ein großer Freundeskreis, bei größeren Festen sah man in der Villa die ganze Stuttgarter Hautevolee[81] und häufig trank Königin Charlotte ihren Tee bei der Reitzensteinerin.

Dann aber kam der Erste Weltkrieg, der mit der Abschaffung der Monarchie in Württemberg endete. König Wilhelm siedelte nach Bebenhausen über und nach seinem Tod wollte Königin Charlotte dort bleiben.

81 vornehmste Gesellschaft

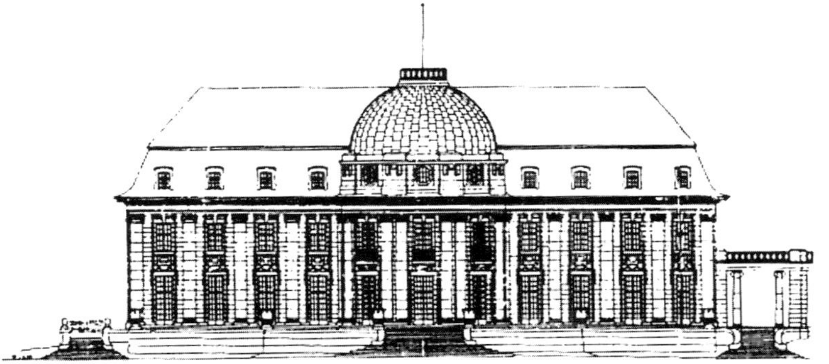

Die Villa Reitzenstein auf der Stuttgarter Gänsheide. Von Helene von Reitzenstein als Witwenstitz 1910-13 gebaut, heute Sitz des Ministerpräsidenten von Baden-Württemberg.

Verkauf der Villa Reitzenstein

Baronin Helene wollte unter den neuen Umständen auch nicht mehr in Stuttgart bleiben. Bei der Deutschen Verlags-Anstalt hatte sich Robert Bosch maßgebend beteiligt, so daß die Hallbergers in ihm einen nicht minder erfolgreichen Unternehmer als Nachfolger bekamen.

Wegen den in den ersten zwanziger Jahren laufenden Überlegungen, das Reichsverwaltungsgericht in Stuttgart unterzubringen, beauftragte 1922 die württembergische Staatsregierung den Rechtsanwalt Reinhold Maier, den späteren Ministerpräsidenten, die Villa Reitzenstein zur Verwendung als Gerichtsgebäude zu kaufen. Maier kaufte bei dieser Gelegenheit für das Land auch den gesamten weiteren Stuttgarter Hausbesitz der Freifrau in der König-, Heine- und Goethestraße. Helene wollte einfach weg von dem anders gewordenen Stuttgart.

Im bayerischen Garching im Norden von München baute sich Helene von Reitzenstein ein Landhaus und zog mit 18 großen Möbelwagen, die nur mit Kleidern, Wäsche, Geschirr und Büchern gefüllt waren, ins Bayernland

Der Sitz des Reichsverwaltungsgerichts blieb in Berlin. Der württembergische Staatspräsident Wilhelm Blos, ein Sozialdemokrat, wollte nicht in das Adelshaus einziehen. Und auch seinem Nachfolger, den Staatspräsidenten Johannes von Hieber, hinderte eine kleine politische Affäre - er hatte einen Sommerurlaub in der leerstehenden Villa Reitzenstein verbracht - seinen Amtssitz auf der Gänsheide zu nehmen. Erst Wilhelm Bazille richtete1925 das Staatsministerium in der Villa ein.

Das Ende Helenes

Im Jahr 1944 stirbt die Freifrau Helene von Reitzenstein, geborene von Hallberger, im Alter von 91 Jahren. Die Stadt Stuttgart und die Nachkommen ihrer Schwester Gabriele, die Eichborns von Breslau, erbten die Hinterlassenschaft der Baronin.

1952 wurde Helene in dem wiederhergestellten Mausoleum der Familie von Hallberger auf dem Pragfriedhof in Anwesenheit von Oberbürgermeister Dr. Arnulf Klett neben ihrem Mann beigesetzt.

So endete die interessante Lebensgeschichte zweier in der Gründerzeit flügge gewordenen Frauen aus dem Hallberger- und dem Lützegeschlecht vom Plochinger Fischbrunnenplatz.

Frau Bierbrauer Endriß Nannette Pauline Endriß (1847 - 1909),

neunfache Mutter, Hausfrau, „Waldhorn"-Chefin

Brauereigründung des Carl Endriß

Es hat wohl eine ganze Menge Mut, Unternehmergeist und Optimismus dazugehört, als Carl Endriß1869 nicht nur die Gaststätte „Waldhorn" in der Neccargasse nach dem Tod seiner Mutter übernommen, sondern gleichzeitig auch eine Brauerei gegründet hat.

In Plochingen bestand damals schon seit 1817 die Adlerbrauerei der Familie Sekinger in der Unteren Gasse[82] mit einem Bierausstoß im Jahr 1860 von ungefähr 1000 Hektoliter.
Das Jahr 1868 war außerdem ein berühmtes Weinjahr mit insgesamt 92 Sommertagen und einem Herbst mit hervorragendem und reichlichem Hansenwein. Aber vielleicht hat den Carl Endriß auch gerade der hitzige und durstige Sommer 1868 trotz der vielen gefüllten Hansenweinfässer zur Brauereigründung angeregt.

Nannette Pauline Endriß geborene Seifried 1847 - 1909, die tüchtige Chefin der Waldhornbrauerei von 1887 bis 1909

Die Heirat mit Nannette

Ein Jahr nach der Gaststättenübernahme und Brauereigründung kam das Glück ins Waldhorn-Haus.
Carl Endriß freite die 23jährige schöne, blonde und blauäugige Nannette Pauline Seifried, die mit ihrem hellwachen Geist und unermüdlichem Fleiß wie geschaffen war zu einer tüchtigen Haus- und Geschäftsfrau.

Der alte „Ochsen" das spätere Verwaltungsgebäude der Waldhornbrauerei

82 Untere Gasse war später die Esslinger Straße, im Mittelalter auch Schmiedgasse genannt. Die Wirtschaft und Brauerei zum Schwarzen Adler hätte die heutige Adresse Am Fischbrunnen 5

Im Plochinger Gerichtsprotokoll vom 21. Juni 1870 lesen wir:

„Carl Endriß, Bürger und Brauereibesitzer zum Waldhorn dahier, will die ledige Nannette Pauline Seifried, geb. den 9. Juli 1847, Tochter des Johannes Seifried, Gutspächters in Tachenhausen[83] ehelichen und sucht um die hiezu erforderliche gemeinderäthliche Verehelichungserlaubniß nach.

Endriß ist gut prädiciert[84] und ein Besitzer eines nicht unbedeutenden Vermögens.
Seine Braut ist von ihrem vorgesetzten Gemeinderath in Winnenden, wo sie heimathberechtigt ist[85], ebenfalls ein gutes Prädicat bezeugt und wird deßhalb, da der Nahrungsstand als gesichert erscheint, beschlossen, die nachgesuchte Verehelichungserlaubniß zu ertheilen. Die Seifried wird durch Verehelichung mit dem Bürger Endriß von Rechts wegen des Genossenschaftsrechts in hiesiger Gemeinde theilhaftig.

Zu bezahlen sind zur Gemeindepflege
Aufnahmegebühr 25 Gulden,
für 1 Feuereimer 3 Gulden,
zum Waisenhaus 33 Kreuzer
zusammen 28 Gulden, 33 Kreuzer

Schultheiß Hermann Julius Dietrich"

Gemeinsamer Aufbau

Das Wengerterdorf Plochingen zählte zur Zeit der Brauereigründung 1900 Seelen. Es war also für die zwei in der Gemeinde betriebenen Brauereien sicher nicht leicht, sich eine ausreichend große Kundschaft im Dorf und in der Umgebung zu sichern. Die Konkurrenz war groß.
Doch die Tüchtigkeit der Nannette und des Carl Endriß überwand alle Anlaufschwierigkeiten und das junge Brauunternehmen nahm in der nunmehr beginnenden sogenannten Gründerzeit nach dem deutsch-französischen Krieg 1870/71 einen raschen Aufschwung.

Nannette war die gute Seele des Betriebs, sorgte für den Haushalt und die Brauereiwirtschaft und war für die Bediensteten eine gesuchte Anlaufstelle, bei der die Leute ihre Sorgen ausschütten konnten.

Im Laufe der 17jährigen Ehe schenkte Nannette ihrem Mann neun Kinder. Drei starben jeweils bald nach der Geburt, drei fanden den Tod an der in Plochingen grassierenden Diphterie[86], der man damals wegen der noch fehlenden Schutzimpfung nicht richtig begegnen konnte und nur drei Söhne wurden erwachsen.

83 Gut Tachenhausen bei Oberboihingen
84 beurteilt
85 Nannette ist in Winnenden geboren
86 Gefährliche Infektionskrankheit, meist auf den Gaumenmandeln und im Rachenraum, vor allem im Schulalter.

Ein Unglück kommt selten allein

Unbarmherzig schlug der Tod im Jahr 1887 in der Waldhornfamilie zu.
Die beiden Endrißkinder Cläre und Otto wurden im Februar Opfer der Diphterieseuche.

Der Endriß-Nachbar aus der Rantzengasse[87], der Schmiedemeister Carl Frasch, der in der ganzen Region unter dem zeitgenössischen Zweizeiler „Schmied, Agent und Schweinezüchter, Ökonom und großer Dichter“
bekannt gewesen ist, veröffentlichte im Plochinger Anzeiger am 8. Februar 1887 ein Trauergedicht für die beiden verstorbenen Kinder.
Hier nur die ersten beiden Verse:

Nachruf

den beiden l. Kindern des Herrn Carl Endriß, Bierbrauer zu Plochingen.

Seht ihr dort den Trauerwagen
Nach dem stillen Friedhof geh'n,
Und darauf zwei Totenbahren
Müssen wir mit Schmerzen seh'n.
Denn zwei allerliebste Kinder
Hat der Tod hinweggerafft,
Sie aus ihrer Eltern Arme
In das kühle Grab gebracht.

Was mag das für Elternherzen,
Sein ein harter, schwerer Schlag,
Wenn man ihre größte Freude
Trägt an Einem Tag zu Grab.
Ich kann keine Worte finden,
Daß ich es beschreiben mag;
Es kann nur das Herz empfinden,
Solchen Schmerz an diesem Tag.

Vier Monate später kam für die Bierbrauersfamilie schon der nächste harte Schlag. Der Brauereigründer und „Commandant der Feuerwehr zu Plochingen“ Carl Endriß hatte eine Lungenentzündung nicht überstanden und ist im blühenden Alter von noch nicht ganz 42 Jahren am 17. Juni 1887 heimgegangen.

Plochingen den 17. Juni 1887. Nachdem der Herr vor kaum 4 Monaten unsere 2 blühenden Kinder zu sich nahm, hat er heute noch das schwerste Opfer von mir gefordert und meinen innigst geliebten, treu besorgten Gatten, Vater und Sohn, C. Endriß,
Bierbrauereibesitzer z. Waldhorn,
im Alter von nicht ganz 42 Jahren, nach nur 17jähriger glücklicher Ehe, von seinem schweren Leiden zu sich in die bessere Heimat genommen.
Im Namen der trauernden Hinterbliebenen
die schwergeprüfte Gattin:
Nannette Endriß, geb. Seifried,
mit ihren 4 Knaben:
Carl, August, Alfred, Max.
Dies statt jeder besonderen Anzeige.
Beerdigung Sonntag Nachmittag 3 Uhr.

Die Todesanzeige für den Brauereigründer Carl Endriß im Schwäbischen Merkur vom 19. Juni 1887

Die gerade 40jährige Witwe stand mit ihren vier Knaben Carl, August, Alfred und Max, mit der großen Gastwirtschaft und dem Brauereibetrieb allein da.

87 heute Kronenstraße

Die Brauereigaststätte 1888 bei der Übernahme der Firma durch Nannette Endriß. Es fehlt noch der Waldhornsaal.

Zum Jahreswechsel 1887/88 widmete Nachbar Carl Frasch der jungen Witwe das folgende Gedicht, das hier mit den ersten vier Versen zitiert sei:

Zum neuen Jahr für Frau
Bierbrauer Endriß

Wieder ist ein Jahr entschwunden
das viel Kummer und viel Schmerz,
ja fast unheilbare Wunden
hat geschlagen Ihrem Herz.
.Ach wie viele bange Stunden
hatt' das Jahr für Sie gebracht,
ach was haben Sie empfunden
schlaflos manche Nacht durchwacht.
Kaum vier Wochen sind verstrichen
in dem jüngst vergang'nen Jahr,
daß der Tod hinweggerissen
ach zwei Kinder hold und zart.
Und noch in der ersten Hälfte
aus des Lebens vollster Kraft,
hat des Hauses Stütz und Krone
auch der Tod hinweggerafft.

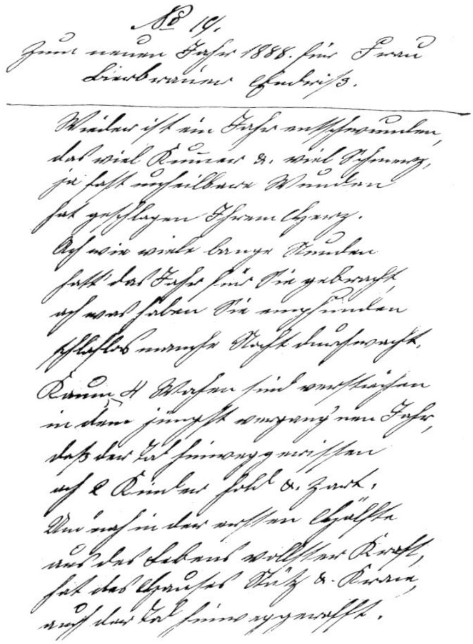

Auch Sohn Max stirbt

Und das Unglück hörte im Brauerhaus immer noch nicht auf.
Genau vier Jahre nach des Vaters Tod wurde der Witwe Nannette noch der fünfjährige Sohn Max Oskar genommen. Pfarrer Friedrich Esenwein stellte seiner Grabrede die 23. und 24. Verse des 73. Psalms voran, die mit dem entschiedenen „Dennoch" beginnen. Und dieses mutige Dennoch bestimmte auch das weitere Leben der Frau Bierbrauer Endriß.

Dennoch

Mit großer Liebe war sie die fürsorgliche Mutter der ihr gebliebenen drei Söhne. Dies heißt aber nicht, daß sie eine alles erlaubende, alles duldende Erziehung betrieben hatte. Nannette wußte genau, das ein deutliches Nein für die Kinder in gewissen Situationen einfach notwendig ist. Erzählt wird eine kleine Episode aus den letzten achtziger Jahren des 19. Jahrhunderts. Als Nannette gerade sich im Brauereihof mit einem Vertreter über eine Bierkrugbestellung besprochen hat, sollen die Kinder laut schreiend und tobend das Gespräch gestört haben. Die resolute Bierbrauerin soll sofort hart durchgegriffen und die Kinder zum Schweigen gebracht haben. Darauf hätte der Vertreter gemeint: „Frau Bierbrauer, lasset se ´s no spiela, jonge Buaba und d´s Bier em Gärbottich müaßet Leba zeige, wenn ´s ebbes Reachts werda soll!"

Der älteste Sohn Carl durfte in das bekannte und pietistisch streng geführte evangelisch-theologische Seminar zu Maulbronn eintreten.
Hermann Hesse hat ja in seiner autobiographischen Erzählung „Unterm Rad" den Seminarbetrieb treffend geschildert. Es könnte sein, daß Carl Endriß gleichzeitig mit Hermann Hesse Maulbronner Klosterschüler gewesen ist.

Von Frau Nannette erfuhren ihre Kinder, daß sie einst nach Maulbronn zum Ephorus[88] einbestellt worden ist. In

88 Ephorus = Leiter des Seminars

Das „Waldhorn" zur Zeit der Nannette Endriss

großer Sorge um Carl hätte sie sofort Wirtschaft, Brauerei und Haushalt im Stich gelassen und die beschwerliche Reise nach Maulbronn angetreten. Dort wurde ihr dann eröffnet, daß Carl massiv getadelt und bestraft worden ist, weil er mit einem Apfel, einer Gottesgabe, Ballspiele gemacht hatte. Carl hat nach seiner Maulbronner Seminarzeit dann die Rechtswissenschaften studiert.

Das resolute Dennoch galt aber bei Nannette auch für die Gastwirtschaft und für den Brauereibetrieb. Wir erinnern uns, daß gleich im ersten Jahr ihrer Alleinverantwortung der Schwäbische Albverein 1888 in der Gartenwirtschaft des Waldhorn gegründet worden ist. Die Brauereigaststätte gehörte zu den bekanntesten Lokalen der Region.

Während ihrer Zeit als Waldhornchefin wurde der schöne große Waldhornsaal an das Gaststättengebäude angebaut. Der Brauereibetrieb blühte unter der umsichtigen, energischen und geschäftstüchtigen Witwe. Schon um 1900 hatte die Plochinger Brauerei einen Ausstoß von der damals gewaltigen Summe von 20 000 Hektoliter. Plochingen war stolz auf die heimische Brauerei und auf die tüchtige Nannette Endriß.

Die Kraft läßt nach

Es ist sicher kein Wunder, daß die starke Mehrfachbelastung an der Frau Bierbrauer nicht spurlos vorbeigegangen ist. 1902 verpachtete sie die Brauereiwirtschaft an Karoline Richter, von der Otto Konz, der „Vater des Neckarkanals“ so anerkennend in seinen Memoiren berichtet hat. Nachfolger der Richterin wurde 1903 Wilhelm Spengler, der dann 33 Jahre lang erfolgreicher Pächter der Gaststätte gewesen ist.

1908 suchte Nannette Endriß im Hotel und Kurhaus Schönwald, in dem Höhenluftkurort über den Triberger Wasserfällen, neue Kraft zu schöpfen. Doch schon am 15. März 1909 legte sich die tapfere und liebenswerte Brauereibesitzerin in ihrem 62. Lebensjahr zum Sterben. 22 Jahre lang ist sie Haushalt, Gastwirtschaft und Brauerei vorgestanden. Pfarrer Friedrich Schnapper betonte in seiner Trauerrede:
„Nach dem frühen Tod ihres Mannes zeigte sich erst recht, welche gesunde Kraft in ihr wohnte. Ihre aufrichtige Gottesfurcht und ihr starkes Gottvertrauen halfen ihr tragen, arbeiten und überwinden. Nicht erbittert und verzagt ließ sie die Hände sinken, sondern gehorsam und getrost wirkte sie weiter“.

Ihre Söhne August und Alfred führten die Brauerei von 1909 an zielbewußt zum weiteren großen Aufschwung und zur bedeutenden mittelständischen Privatbrauerei Die süffigen Plochinger Waldhornbiere fanden Anerkennung im ganzen Land.

Plochingen, den 15. März 1909.

Trauer-Anzeige.

Teilnehmenden Verwandten, Freunden und Bekannten machen wir hiemit die schmerzliche Mitteilung, daß unsere liebe Mutter, Großmutter, Tante und Schwägerin

Nannette Endriss geb. Seifried

Brauereibesitzers-Witwe z. Waldhorn

heute früh nach kurzem Kranksein unerwartet rasch verschieden ist.

Die Feuerbestattung findet am Mittwoch den 17. März in Stuttgart statt.

Im Namen der trauernden Hinterbliebenen
die Söhne:
Karl, August u. Alfred Endriss.

Für etwaige Blumenspenden wird im Sinne der Entschlafenen herzlichst gedankt.

Plochinger Frauen im „Dritten Reich“

Jungmädel – Bund Deutscher Mädel – NS-Frauenschaft

Nachdem sich die Herrschaft der Nationalsozialisten im Laufe des Jahres 1933 stabilisiert hatte, breitete die NSDAP zielstrebig ihre Gliederungen und angeschlossenen Verbände auch in Plochingen aus. Für jedes Alter, jede Lebenslage und jede Tätigkeit gab es eine Organisation, die unter dem Zeichen der Partei firmierte. Von der Wiege bis zur Bahre wurden so auch die Plochinger „Volksgenossinnen“ von den Parteidienststellen „betreut“ und unmerklich unter Kontrolle gehalten.
Zug um Zug wurden die bestehenden Mädchen- und Frauenverbände auch in Plochingen „gleichgeschaltet“. Anfänglich wird im Adreßbuch von Plochingen noch die Pfarrersfrau Else Palmbach als „Vereinsführer“ des Evangelischen Mädchenkreises registriert, damit das verordnete Führerprinzip auch hier dokumentiert werden konnte.
Obwohl Hitler schon im November 1933 zu den Eltern gewandt die Eroberung der Jugend durch den nationalsozialistischen Staat in einer Rede feststellte: „Dein Kind gehört uns heute schon“, kämpfte damals noch das Evangelische Jungmännerwerk um seine Uniform, das olivgrüne Hemd mit dem Eichenblatt, das damals nur in Württemberg und Bayern verboten worden war. Und noch im Oktober 1933 marschierten die Mädchenbibelkreise, darunter auch die Plochinger, mit ihren Fahnen nach Stuttgart zu ihrer großen Tagung. Dramatisch gestaltete sich auch der Marsch der Katholischen Jugend im Januar 1934 zur Heiligjahrfeier in die Stuttgarter Stadthalle. Hier griff die Polizei ein und forderte die Jugendlichen auf, ihre Fahnen einzurollen und einige der Teilnehmer wurden verhaftet.

Allmählich erlahmte der Widerstand in den Zentralen der kirchlichen Jugendverbände. „Zur Jugend des Führers“ wollten nun alle gehören. Im Februar 1934 wurde die Evangelische Jugend feierlich in die Hitlerjugend eingegliedert. Die evangelische Jugendarbeit könne nur auf dem Boden des nationalsozialistischen Staates möglich sein. Der Bevollmächtigte der Evangelischen Landeskirche für die Eingliederung der evangelischen Jugend in die HJ, Pfarrer Dölker, betonte unter Anwesenheit des Landesbischofs Theophil Wurm bei der großen Kundgebung in der Stuttgarter Stadthalle, daß das Einigungswerk der deutschen Jugend ein besonderes Anliegen des Führers sei.

Die katholische Jugend wehrte sich noch etwas länger. Zunächst trat nur ein Teil des Bundes „Neudeutschland“, im April 1934 zur HJ über. Pater Manuwald, der katholische Jugendführer, erklärte dazu, daß sich die Katholiken dem Rettungswerk des Führers nicht fernhalten dürften. Erst 1935 traten dann die noch übrigen 450 Mitglieder der württembergischen „Neudeutschlandgruppe“ auch der Hitlerjugend bei.

Doch neben den Hitlerjugendorganisationen „Bund Deutscher Mädel“ und „Jungmädel“ konnten auf lokaler Ebene in Plochingen die kirchlichen Jugendgruppen in der Stille bis zum Ende der NS-Zeit weiterarbeiten. Das neue Heim der evangelischen Jugend war damals in der Brühlstraße 12. In die vorher benutzten Räume im Untergeschoß des Kindergartengebäudes in der Marquardtstraße war inzwischen die Hitlerjugend eingezogen.

Die HJ-Mitglieder wurden für zwei Wochentage von den schulischen Hausaufgaben befreit. Die Schulen mußten berichten, wieviele Schülerinnen und Schüler der HJ. angehörten und welche nicht. Der „Weltanschauung“ wurde allmonatlich in den Schulen ein Tag gewidmet, Staatsjugendtag genannt. Im August 1935 wurden die Grundsätze des Reichsjugendführers Baldur von Schirach verkündet: „Wenn ein Mädchen oder ein Junge abseits vom großen Geschehen der Hitlerjugend steht, ist er von seiner bisherigen Führung zu trennen“. Das Sorgerecht konnte den Eltern damit nach Schirachs Grundsätzen auch entzogen werden. Schließlich wurde mit dem Staatsjugendgesetz vom 1.12.1936 jedes Mädchen und jeder Junge zum Dienst in der Hitlerjugend gesetzlich verpflichtet.

Es wäre nun falsch, zu behaupten, daß das an jedem Mittwoch verordnete „zum Dienst gehen müssen“ den Mädchen und Jungen in Plochingen zuwider gewesen ist. Die allermeisten Jugendlichen fühlten sich, die ständige massive politische Beeinflussung nicht spürend, bei Sport, Spiel, Singen, Wandern und Zeltlager in den HJ-Gruppen und im Kreis der Gleichaltrigen sehr wohl.

Für die Mädchen im Alter von 14 bis 18 Jahren war in Plochingen der „Bund Deutscher Mädel 24/365“ und für die 10- bis 14jährigen die „Jungmädelgruppe 24/365“ zuständig. Die „Mädelgruppen 24/365“ trafen sich in ihrem „Heim“ im Untergeschoß der Marquardtstraße 44.

Die NS-Frauenschaft hatte die weibliche Bevölkerung in die ihr zugedachten Rolle als deutsche Hausfrau und Mutter hineinzuführen und dieses Frauenbild zu festigen und zu pflegen. Die Stiftung des Deutschen Mutterkreuzes für Mütter mit mindestens vier Kindern unterstrich das Ziel der nationalsozialistischen Frauenpolitik. Diese Plochinger NS-Organisation wurde zunächst für kurze Zeit von Gertrud Veil, dann von Frau Frida Flohr und schließlich von Lina Mürdel geführt. Die NS-Frauenschaft hatte ihr Lokal in der großen Kelterstube an der Ecke Esslinger Straße/Hermannstraße.

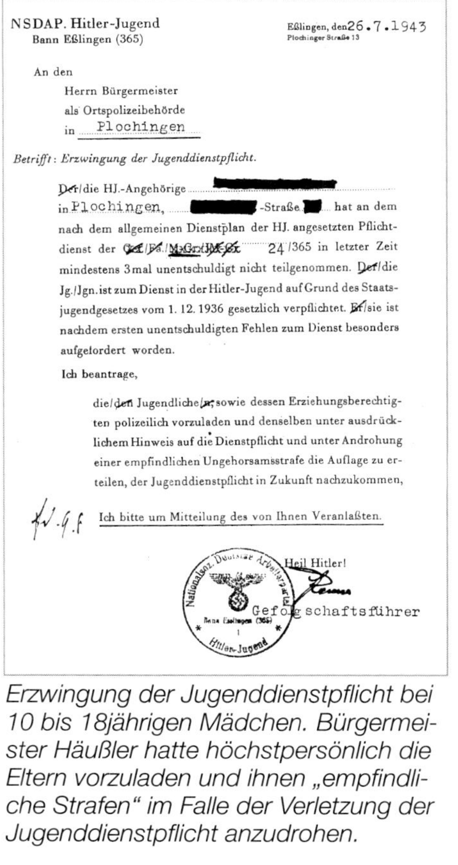
NSDAP. Hitler-Jugend
Bann Eßlingen (365)

Eßlingen, den 26.7.1943
Plochinger Straße 13

An den
Herrn Bürgermeister
als Ortspolizeibehörde
in Plochingen

Betrifft: Erzwingung der Jugenddienstpflicht.

~~Der~~/die HJ.-Angehörige [redacted] in Plochingen, [redacted]-Straße [redacted] hat an dem nach dem allgemeinen Dienstplan der HJ. angesetzten Pflichtdienst der ~~Gef.~~/~~Fä.~~/M.Gr./~~JM.Gr.~~ 24/365 in letzter Zeit mindestens 3mal unentschuldigt nicht teilgenommen. ~~Der~~/die Jg./Jgn. ist zum Dienst in der Hitler-Jugend auf Grund des Staatsjugendgesetzes vom 1. 12. 1936 gesetzlich verpflichtet. ~~Er~~/sie ist nachdem ersten unentschuldigten Fehlen zum Dienst besonders aufgefordert worden.

Ich beantrage,

die/~~den~~ Jugendliche/~~n~~, sowie dessen Erziehungsberechtigten polizeilich vorzuladen und denselben unter ausdrücklichem Hinweis auf die Dienstpflicht und unter Androhung einer empfindlichen Ungehorsamsstrafe die Auflage zu erteilen, der Jugenddienstpflicht in Zukunft nachzukommen,

Ich bitte um Mitteilung des von Ihnen Veranlaßten.

Heil Hitler!
Gefolgschaftsführer

Erzwingung der Jugenddienstpflicht bei 10 bis 18jährigen Mädchen. Bürgermeister Häußler hatte höchstpersönlich die Eltern vorzuladen und ihnen „empfindliche Strafen“ im Falle der Verletzung der Jugenddienstpflicht anzudrohen.

Die Plochinger BDM-Gruppe 24/265.
Auch die „Mädel" mußten im gleichen Schritt und Tritt marschieren.

Die Landfrauengruppe wurde ebenfalls „gleichgeschaltet".

Vereidigung der Samariterinnen des DRK im April 1937 auf dem Esslinger Marktplatz.
Oben links der Helferinnentrupp aus Plochingen.

Zu allen „kriegswichtigen“ Aufgaben wurden im Zweiten Weltkrieg ganz selbstverständlich auch die Frauen herangezogen.
Der Luftschutzlöschtrupp für die Plochinger Eisenbahnergebäude im Jahr 1943
Stehend von links:
Frau Butzer, Frau Sauer, Herr Hepp, Frau Schlecker, Frau Munz, Frau Heinzl, sitzend von links: Frau Starz, Frau Lamparter, Frau Grupp, Frau Beck.

Kriegerwitwe Anna Müller

Trauerbotschaften

„Gefallen für Führer, Volk und Vaterland“

Unermeßliche Trauer, Verzweiflung und großes Leid brachten stets die Kriege aller Zeiten auch in die Plochinger Familien, für die Eltern und für die Ehefrauen. Allein in dem von Hitler vom Zaun gebrochenen Zweiten Weltkrieg stellten in dem damals nur 5500 Einwohner zählenden Plochingen die Briefträger 257 Mal die Nachricht „gefallen bei“ oder „vermißt bei“ zu.
Zu dieser schrecklichen Zahl kommen dann noch die vielen in diesem Wahnsinnskrieg Gefallenen aus dem Kreis der nach Plochingen zugezogenen Heimatvertriebenen.

Anna Müller

Vor Beginn des Zweiten Weltkriegs arbeitete Anna Geiger in Frankfurt am Main in verantwortlicher Stellung im Haushalt des französischen Konsuls. Dort hatte sie dann auch den Flaschner und Installateur Karl Wilhelm Müller kennen- und liebengelernt und kurz vor Kriegsausbruch am 30. Juni 1939 in Plochingen geheiratet. Anna war bei der Eheschließung 29, Karl 27 Jahre alt.

Nur zwei Monate dauerte das Glück des jungen Paares. Gleich bei Beginn des Krieges mußte Karl Müller einrücken. Er ist nie mehr nach Hause gekommen.

Stalingrad

Im Herbst 1942 stand die deutsche 6. Armee der Heeresgruppe Don in hartem Ringen um Stalingrad. Hier setzte der sowjetische Gegner am 19. November 1942 zur Gegenoffensive an, die in einer weitgespannten Zangenbewegung zur Einschließung der Deutschen führen sollte. Den zahlenmäßig weit überlegenen Feindkräften gelang es schnell, die deutschen Hauptkampflinien zu durchbrechen.
Als die beiden russischen Stoßkeile sich am 23. November 1942 im Raum Kalatsch am Don vereinigten, waren die 22 Divisionen der 6. Armee und einige weitere selbständige Einheiten, insgesamt mehr als 200 000 deutsche Soldaten eingekesselt.. Eine deutsche Offensive zur Befreiung der 6. Armee scheiterte im Dezember 1942 und die Sowjets engten den Stalingradkessel immer mehr ein.

Und der Plochinger Gefreite Karl Müller war wie viele andere Plochinger Soldaten mitten in diesem Todeskessel.

Anna und Karl Müller kurz nach der Hochzeit 1939

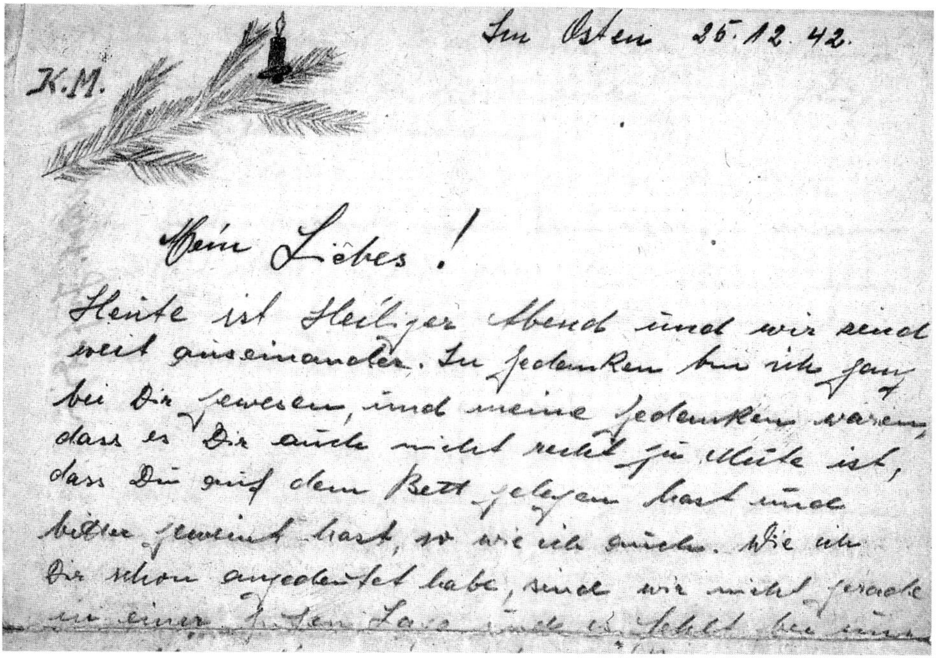

K.M. Im Osten 25. 12. 42.

Mein Liebes!
Heute ist Heiliger Abend und wir sind weit auseinander. In Gedanken bin ich ganz bei Dir gewesen, und meine Gedanken waren dass es Dir auch nicht recht zu Mute ist, dass Du auf dem Bett gelegen hast und bitter geweint hast, so wie ich auch. Wie ich Dir schon angedeutet habe, sind wir nicht gerade in einer guten Lage und es fehlt bei uns

Der letzte, am Weihnachtstag 1942 aus Stalingrad geschriebene Feldpostbrief des Plochinger Bürgers Karl Müller an seine Frau Anna mag nun hier für viele andere der in großer Bedrängnis verfaßten Schreiben stehen, die von den Fronten des mörderischen und unsinnigen Krieges oder aus den Gefangenenlagern der Sowjetunion in die Plochinger Heimat geschrieben worden sind:

„K.M. Im Osten, 25. 12. 42

Mein Liebes!
Heute ist Heiliger Abend und wir sind weit auseinander. In Gedanken bin ich ganz bei Dir gewesen, und meine Gedanken waren dass es Dir auch nicht recht zu Mute ist, dass Du auf dem Bett gelegen hast und bitter geweint hast, so wie ich auch. Wie ich Dir schon angedeutet habe, sind wir nicht gerade in einer guten Lage und es fehlt bei uns an allem, das Essen ist sehr knapp, wissen auch nicht, wie lange der Zustand noch andauert. Trotzdem hat unser Hauptfeldwebel die erdenklichste Mühe gemacht und uns eine kleine Überraschung zugedacht in Form von Zigaretten, Fleisch, Schokolade, Bonbons usw. Was uns alle sehr gefreut hat.
Das Brot ist leider sehr knapp.
Jetzt kommt etwas angenehmeres. Seit 1. Dez. bin ich zum Gefreiten befördert, was gleich in Verbindung der Weihnachtsfeier stattgefunden hat. Jetzt hätten nur noch Deine Kriegs- Päckchen ankommen sollen, das wäre fein gewesen, na ja, da haben wir es noch vor uns. Es dauert leider noch etwas länger als sonst, denn es muß alles mit Flugzeugen beigeschafft werden.

*Meine liebe Anny, wie geht es Dir? Ich hoffe doch, Dich gesund und munter zu wissen. Ich selbst war ja ein paar Tage krank, was ja auch nicht verwunderlich war, bin aber wieder wohlauf.
Anbei sende ich Dir 4 Luftpostmarken mit, damit Du gleich wieder antworten kannst. Ich will so langsam zum Schluss kommen und will der Mama noch geschwind schreiben. Auf jeden Fall wünsche ich Dir und allen anderen ein gesundes Neues Jahr und hoffe, dass dieses Elend mal ein Ende findet.
Gleichzeitig gratuliere ich Dir mein Gutes zu Deinem Geburtstag und wünsche Dir alles Gute und hoffe, dass ich bald im Urlaub bei Dir sein kann, was hätte schon lange möglich sein können. Wir werden dann alles nachholen, koste es was es wolle.
N.B. Die Marken mußt Du mit Klebstoff versehen.
Auch wünsche ich allen Verwandten und Bekannten ein gutes Neues Jahr und
Dir verbleibe ich mit
vielen Grüssen und Küssen
Dein lieber guter
Mann.*

Was hast Du zu Weihnachten bekommen? Bitte schreibe sofort wieder per Luftpost."

Am Schluß des Briefes hat Karl Müller einen Weihnachtsbaum gezeichnet und dazugeschrieben:

„Das ist dies, was wir vermissen, den Christbaum."

Das letzte Bild ihres Mannes Karl, das Anna Müller jahrelang bei sich trug, zeigt diesen (links) zusammen mit seinem Schwager Emil Drieß kurz vor dem Vorstoß auf Stalingrad 1942

Tod in Stalingrad

Dies war die letzte Nachricht vom Gefreiten Karl Müller. Er ist wie 15 andere junge Männer aus dem damals noch kleinen Plochingen in Stalingrad gefallen bzw. in der Folge dieser Schlacht in der sowjetischen Gefangenschaft gestorben.

Am 15. Juli 1943 erreichte Frau Anna Müller vom Generalkommando in München die Mitteilung, daß
„der Abschluß der Ermittlungen über das Schicksal Ihres Mannes, Gefr. Karl Müller, Feldpostnummer 30609,
der zuletzt im Kampfraum Stalingrad eingesetzt war, keine restlose Klarheit erbracht hat. Er muß deshalb als vermißt angesehen werden (seit 25.12.42)."
Karl Wilhelm Müller ist schließlich 1964 für tot erklärt worden.

Die Kriegerwitwe

Jedes folgende Weihnachtsfest ist bei Anna Müller geprägt gewesen von der Erinnerung an den weihnachtlichen Abschiedsbrief und den frühen Tod ihres jungen Mannes, der sich nichts sehnlicher am Christfest 1942 gewünscht hatte, als noch einmal nach Hause kommen zu dürfen.

Anna Müller hat das Los einer Kriegerwitwe auf sich genommen. Die zwölf Nichten und Neffen haben ihr gewiß nicht die eigenen Kinder ersetzen können.
In Plochingen hat sie nach dem Krieg wieder eine Arbeit aufgenommen, bis sie eine schwere Erkrankung, die beinahe mit dem Erreichen des Ruhestandsalters zusammenfiel, zum Aufhören gezwungen hat. Die ihre Anliegen auch selbst energisch vertretende Frau, die „Tante Anna", wie sie nicht nur in ihrer Großfamilie genannt wurde, lebte in ihrer Eigentumswohnung in der Plochinger Richard-Wagner-Straße und für kurze Zeit noch im Johanniterstift.

Anna Müller ist am 17. Februar 1997 im Alter von 87 Jahren gestorben.

Der mit ihrer Hilfe frisch vergoldete Turmhahn auf der Stadtkirche Sankt Blasius ist ein letzter Gruß der Anna Müller an ihre Heimatstadt.

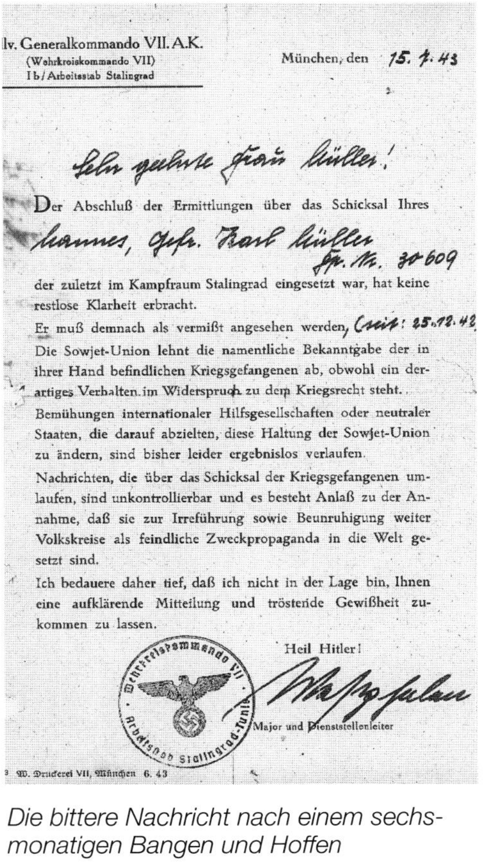

Stellv. Generalkommando VII. A.K.
(Wehrkreiskommando VII)
Ib/Arbeitsstab Stalingrad

München, den 15. 7. 43

Sehr geehrte Frau Müller!

Der Abschluß der Ermittlungen über das Schicksal Ihres Mannes, Gefr. Karl Müller Fp. Nr. 30609 der zuletzt im Kampfraum Stalingrad eingesetzt war, hat keine restlose Klarheit erbracht.

Er muß demnach als vermißt angesehen werden, (seit: 25.12.42)

Die Sowjet-Union lehnt die namentliche Bekanntgabe der in ihrer Hand befindlichen Kriegsgefangenen ab, obwohl ein derartiges Verhalten im Widerspruch zu dem Kriegsrecht steht.

Bemühungen internationaler Hilfsgesellschaften oder neutraler Staaten, die darauf abzielten, diese Haltung der Sowjet-Union zu ändern, sind bisher leider ergebnislos verlaufen.

Nachrichten, die über das Schicksal der Kriegsgefangenen umlaufen, sind unkontrollierbar und es besteht Anlaß zu der Annahme, daß sie zur Irreführung sowie Beunruhigung weiter Volkskreise als feindliche Zweckpropaganda in die Welt gesetzt sind.

Ich bedauere daher tief, daß ich nicht in der Lage bin, Ihnen eine aufklärende Mitteilung und tröstende Gewißheit zukommen zu lassen.

Heil Hitler!

Major und Dienststellenleiter

3 W. Druckerei VII, München 6. 43

Die bittere Nachricht nach einem sechsmonatigen Bangen und Hoffen

Zivilcourage unter Lebensgefahr

Magdalene Bopp, Else Palmbach, Helene Zeller, drei mutige Plochingerinnen

Denunzieren als Bürgerspflicht

Als der totalgeführte Zweite Weltkrieg mit dem nahenden Ende des Dritten Reiches auch die „Heimatfront“ Plochingen erreichte, wurde es durch die immer strenger werdenden Kontrollen im allgegenwärtigen Überwachungsstaat zunehmend schwieriger und immer gefährlicher, untergetauchte jüdische Flüchtlinge, die sogenannten „U-Boote“, zu verstecken und in einigermaßen sicheren Quartieren unterzubringen.

Sowohl die ständig auf der Flucht befindlichen Juden als auch die Gastgeberfamilien lebten in der dauernden Angst, entdeckt, verhaftet und in ein Konzentrationslager gebracht zu werden. Die ständigen Aufrufe im Rundfunk und in der Presse, mögliche „Volksfeinde“ und Spione ohne jedes Ansehen der Person sofort zu melden, d. h. zu denunzieren, taten ihre Wirkung. Mißtrauen und Furcht trieben zur äußersten Vorsicht. Und trotz allem fanden sich in dieser schrecklichen Zeit immer wieder Menschen, die es für ihre Pflicht hielten, den entrechteten, diffamierten und bedrohten jüdischen Bürgern beizustehen.

Anlaufstellen

Das Verstecken der untergetauchten Juden wurde in Württemberg damals im wesentlichen organisiert vom „Bruderring“, einer im Verborgenen arbeitenden Organisation württembergischer Pfarrfamilien und den mit diesen eng verbundenen Gemeindegliedern.
Anlaufstellen für die Flüchtenden waren in unserem Bereich vor allem die Pfarrer Theodor Dipper[89] aus Reichenbach/Fils, Otto Mörike in Flacht und Eugen Stöffler in Köngen. In diesen Pfarrhäusern wurden die Hilfsaktionen gesteuert, die Quartiere ausgesucht und die möglichen Fluchtwege erkundet.

Karoline und Max Krakauer

Zu den damals Gejagten gehörte auch das Ehepaar Karoline und Max Krakauer. Sie hatten auf ihrer vom 29. Januar 1943 bis 23. April 1945 dauernden abenteuerlichen Flucht zur Tarnung die Namen Grete und Hans Ackermann angenommen.

Die Krakauers hatten in Leipzig ihr Zuhause. Max Krakauer war seit seiner Rückkehr aus dem Ersten Weltkrieg im Jahr 1918 Leiter einer Filmverleihfirma, die er in unermüdlicher Arbeit zu einem in dieser Branche wohlbekannten Unternehmen emporgeführt hatte. Nach dem 1. April 1933, dem Boykottag gegen die Juden, war es ihm jedoch nicht mehr möglich, in der Filmbranche zu arbeiten. Er hatte ja auch keinerlei Chance, in die Reichsfilmkammer aufgenommen zu werden. Krakauer mußte auf alle seine Rechte im Betrieb verzichten und konnte schließlich sein persönliches Eigentum nur noch leihweise benützen.
Die Krakauers versuchten immer wieder, aus diesem „Hexenkessel“ zu entfliehen. Doch alle Möglichkeiten zur Auswanderung zerschlugen sich stets unmittelbar vor dem schon erreicht geglaubten Ziel.

89 später Dekan in Nürtingen

Im Mai 1939 zog das Ehepaar nach Berlin, um die erhoffte Auswanderung am Sitz des amerikanischen Konsulats leichter und noch energischer betreiben zu können.
Doch dann stand die Welt in Flammen. Frau und Herr Krakauer wurden zur Zwangsarbeit verpflichtet.

Die Flucht beginnt

Als Frau Krakauer am 29. Januar 1943 von der Arbeit nach Hause gehen wollte, erfuhr sie an der Haustüre von einer Bekannten, daß die Gestapo in ihrer Wohnung wartete. Max Krakauer konnte noch in einer Arztpraxis gewarnt werden. Die lebensbedrohende, 27 Monate lange und bange 800 Tage dauernde Odyssee des Ehepaars Krakauer begann. In 66 Häusern fanden die Flüchtenden für kürzere oder längere Zeit Asyl, von einem Tag bis zu vier Wochen, je nachdem es die örtliche Lage erlaubte.

In Württemberg

Am 7. August 1943 führte der Fluchtweg Karoline und Max Krakauer alias Grete und Hans Ackermann nach Württemberg. Bis zum Einmarsch der Amerikaner und der Befreiung des Ehepaars wurden die beiden Juden zu 43 Quartieren im Land geführt. Meist waren es Pfarrhäuser, die Asyl geboten haben. Wichtig war dabei, daß die „Besucher" so unauffällig wie möglich sich im jeweiligen Quartier bewegten, daß sie sich als „Ausgebombte" oder aus gefährdeten Städten Evakuierte in der unmittelbaren Nachbarschaft ausgegeben haben.

In Plochingen

Das Weihnachtsfest 1944 verbrachten die beiden Flüchtlinge im Reichenbacher Pfarrhaus Dipper. Nach vier Wochen Aufenthalt in Reichenbach war es jedoch allerhöchste Zeit, daß das Quartier wieder gewechselt wurde. Pfarrer Eugen Dipper besprach sich deshalb Ende Januar 1945 mit der Plochinger Pfarrfamilie Palmbach. Im Pfarrhaus auf dem Kirchberg selber war zu dieser Zeit kein Platz mehr. Viele Fliegergeschädigte und Evakuierte hatten dort schon eine Unterkunft gefunden. Durch Vermittlung der damaligen Gemeindehelferin Helene Zeller wurde eine Bleibe gefunden.

Frau Magdalene Bopp erklärte sich sofort bereit, die beiden Juden in ihrem Haus aufzunehmen. Frau Bopp, deren Mann im Krieg war, lebte mit ihren drei Töchtern Außerhalb Etters 25, heute Esslinger Straße 188. Frau Bopp, die in Lodz geboren wurde, sagte damals ihren Töchtern, daß Tante Grete und Onkel Hans aus Polen zu Besuch gekommen wären.

Die Pfarrersfrau Else Palmbach und die Gemeindehelferin Helene Zeller organisierten und lieferten die notwendigen Lebensmittel für das Bopp-Haus. Max Krakauer schrieb in seinem Buch „Lichter im Dunkeln":

„Trotz außerordentlich beengter Verhältnisse nahm uns diese einfache Frau freudigen Herzens auf, und ich fürchte, daß sie sehr viel Lebensmittelvorräte, die eigentlich für Notzeiten aufgehoben werden sollten, für uns verbrauchte".

Magdalene und Friedrich Bopp mit ihren drei Mädchen, als Vater Bopp im Zweiten Weltkrieg einen kurzen Heimaturlaub genießen durfte.

Der weitere Fluchtweg

Nach 14 Tagen bei der Familie Bopp war es dann wieder geboten, daß Karoline und Max Krakauer an einen Ortswechsel dachten. Aber es war so viel Schnee gefallen, daß es den Gejagten unmöglich erschien, zu Fuß das neue Quartier in der Herrenberger Gegend anzustreben. Der Zustand des Schuhwerks hatte bei dem Ehepaar einen „beängstigenden Zustand der Auflösung" erreicht.

Da kam durch Vermittlung von Pfarrer Dipper der Reichenbacher Fabrikant Robert Schöttle, ein erklärter Gegner des Naziregimes, mit einem Lastwagen zu Hilfe. Er ließ dieses Fahrzeug mit dem in seiner Fabrik produzierten kriegswichtigen Material beladen, um einen dringend notwendigen Transport vorzutäuschen. Nach einem kurzen Zwischenaufenthalt im Pfarrhaus Schmidt in der Esslinger Pliensauvorstadt brachte Schöttle dann die Krakauers nach Nufringen.

Bundesverdienstkreuz

Frau Magdalene Bopp hat 1980 postum für ihr mutiges Eintreten und Handeln das Bundesverdienstkreuz am Bande verliehen bekommen, stellvertretend wohl auch für die beiden anderen Plochinger Frauen, die ebenfalls in Liebe und in Pflicht in schwieriger und schlimmer Zeit gehandelt haben.

Else Palmbach,
geb. 1890 in Neuffen,
gestorben 1972 in Ensingen,
Ausbildung als Krankenschwester,
1915 Heirat mit Pfarrer Karl Pambach,
Pfarrstellen in Neipperg, Hülben,
Plochingen und Ensingen.
5 Kinder, der Älteste fiel 1942 In Rußland, der 2. Sohn war Pfarrer und starb schon mit 47 Jahren.

Helene Zeller
geboren 1920 in Weinsberg.
Gemeindehelferin der evangelischen
Kirchengemeinde Plochingen
von 1942 bis 1946, anschließend
Gemeindehelferin in Nürtingen
bei Dekan Theodor Dipper,
dem früheren Gemeindepfarrer
von Reichenbach/Fils.

In Plochingen war Else Palmbach im Gemeindeleben sehr aktiv. In ihrem Haus war praktisch die örtliche Sozialstation. Sie leitete die kirchlichen Mädchen- und Frauenkreise. Nach der von den Nationalsozialisten angeordneten Schließung der evangelischen Müttererholungsheime organisierte sie mit Gemeindegliedern Mütterfreizeiten. Die erholungsbedürftigen Mütter wohnten bei Familien in der Gemeinde und wurden im Pfarrhaus verpflegt. Trotz des damaligen Verbots stellte sie das Pfarrhaus für verschiedene Zusammenkünfte der „Moralischen Aufrüstung" (Sitz in Caux/Schweiz) zur Verfügung. Gegen Kriegsende war das große Pfarrhaus auf dem Plochinger Kirchberg übervoll belegt mit Ausgebombten, später mit Vertriebenen. Für all diese Menschen in Not war die Pfarrersfrau in ihrer selbstlosen Art die gesuchte Ansprechpartnerin und Helferin.

Zunächst studierte Frau Zeller Musik mit dem Hauptfach Orgel, mußte jedoch das Studium aus gesundheitlichen Gründen abbrechen und ließ sich dann zur Gemeindehelferin ausbilden.
Frau Zeller war in Plochingen geachtet und außerordentlich beliebt. Sie betreute in Plochingen Jungschar und Mädchenkreis, war Organistin in der Stadtkirche, führte damals junge Mädchen, die später auch als Organistinnen in Plochingen Dienst taten, in das Orgelspiel ein; Frau Zeller war für die Mädchen, die sie betreute, in diesen schlimmen Kriegs- und Nachkriegsjahren eine positiv prägende Frauengestalt. Sie begeisterte die jungen Leute nicht nur mit ihrer packenden Bibelarbeit, und erlebnisreichen Freizeiten, sondern führte sie u.a. auch in das dreistimmige Singen ein.

Soll Plochingen verteidigt werden? April 1945

Der Aufstand der Plochinger Frauen:

Die „Weiber von Plochingen“

Im einleitenden Kapitel wurde darauf hingewiesen, daß von Plochingen keine so spektakulären Frauengeschichten zu vermelden sind, wie etwa von Weinsberg oder Schorndorf. Dies gilt sicher für das Mittelalter und die beginnende Neuzeit.
Doch zum Ende des Zweiten Weltkriegs hatten wir sie auch, die „Weiber von Plochingen“, deren mutiges und konsequentes Nein zur Verteidigung Plochingens die Gemeinde am Neckarknie vor noch Schlimmerem bewahrt hat.

Die Plochinger Frauen liefen gegen die unsinnigen Verteidigungspläne Sturm, obwohl sie wußten, wie gefährlich es in diesen letzten Kriegstagen gewesen ist, sich den Anordnungen der Partei und der Wehrmacht zu widersetzen.

In den Unterlagen des Stadtarchivs ist vermerkt, daß die unerschrockenen Wortführerinnen der Frauen damals Elise Trick aus der Bismarckstraße 5 und Gertrud Veil aus der Hermannstraße 15 gewesen sind.

Der Neroplan

Als sich die französischen und amerikanischen Truppen Anfang April 1945 dem Mittleren Neckarraum näherten, traf am 3. April bei Bürgermeister Häußler der Befehl ein, dem der sogenannte „Neroplan“ zu Grunde lag.

Danach sollte der Feind beim Einmarsch in Plochingen nur noch „verbrannte Erde“ vorfinden. Die Bauern wurden aufgefordert, ihre Höfe anzuzünden und ihr Vieh in die Wälder zu treiben. Die Gemeindeverwaltung wurde unter dem Stichwort „Schwabentreue“ verpflichtet, alle lebenswichtigen Betriebe, das Gas- und das Wasserwerk, die Umspann- und Transformatorenstationen der Neckarwerke und der Bahn, die Bahnanlagen und die Telefonzentralen, überhaupt alle öffentlichen Einrichtungen und insbesondere die Brücken, zu zerstören. Wer zuwiderhandle würde unnachsichtig mit dem Tode bestraft.

In dem am 3. April 1945 eingegangenen Befehl war auch die Anordnung enthalten, daß Plochingen zwecks besserer Verteidigungsmöglichkeit von Mensch und Vieh zu räumen sei. Als letzter Einwohner habe der Bürgermeister die Gemeinde zu verlassen.

Im Leitartikel des parteiamtlichen Organs „NS-Kurier“ vom 14. April 1945 wird der menschenverachtende Murr-Erlaß so kommentiert:

„Vom ersten Tage des uns aufgezwungenen Kampfes ab ging es um Leben und Tod. In den Jahren unser glorreichen Waffenerfolge haben wir dies vergessen. Diese Erfolge schienen zu leicht errungen worden zu sein, Mit ihrer materiellen Überlegenheit haben nun unsere Feinde ihre militärischen Erfolge errungen. Aber undenkbar ist es, daß der Führer nicht genug Phantasie hätte, um die jetzt noch übliche Art der Kriegsführung durch eine neue Methodik abzulösen. Sein Schweigen, seine Ruhe, seine Zuversicht auf die Herbeiführung der Wende zeitigt in uns diese Annahme“.

Das geht alle an!

Bekanntmachung des Reichsverteidigungskommissars

Der Feind versucht die Bevölkerung zu veranlassen, das Schließen von Panzersperren zu verhindern. Ich mache mit allem Ernst darauf aufmerksam, daß jeder Versuch, die Schließung einer Panzersperre zu verhindern oder eine geschlossene Panzersperre wieder zu öffnen, auf der Stelle mit dem Tode bestraft wird. Ebenso wird mit dem Tode bestraft, wer eine weiße Fahne zeigt. Die Familie der Schuldigen hat außerdem noch drakonische Strafen zu erwarten.

Der Feind, der keine Rücksichten kennt, und erbarmungslos gegen die Zivilbevölkerung vorgeht, schont auch solche Ortschaften nicht, in die er freien Zugang hat. Was er aber fürchtet, ist unser erbitterter Widerstand. Männer, Frauen und Jugend müssen deshalb mit allen Mitteln der Wehrmacht helfen, den feindlichen Weitermarsch zu verhindern.

Stuttgart, den 12. April 1945.

Wilhelm Murr,
Gauleiter und Reichsverteidigungskommissar.

Der Murr-Erlaß vom 12. April 1945 im NS-Kurier und in der Esslinger Zeitung, der damals täglich in der Presse veröffentlicht worden ist

Wer aber diesen unsinnigen Parolen widersprach und Zweifel am „Endsieg" Deutschlands äußerste, mußte damit rechnen, sofort von der Gestapo verhaftet zu werden, wie etwa der Sattlermeister Georg Muck aus der Esslinger Straße 15[90].

Jeder Häuserblock, jedes Dorf sollte nach dem Willen des Terrorregimes eine Festung werden und bis zum letzten Atemzug verteidigt werden. Die Todesurteile der „Fliegenden Standgerichte" von Bühl, Brettheim, Heilbronn, Singen, Meßstetten, Radolfzell, Stockach und anderen Orten, wo sich die der Verteidigung widersetzenden Bürgermeister und Bürger standrechtlich erschossen worden sind, sind auch in Plochingen bekanntgeworden.

Der „Plochinger Appell" vom 10. April 1945

Auf den Abend des 10. Aprils 1945 berief der Ortskommandant von Plochingen, Hauptmann Walter Gerstenmaier aus Kirchheim u.T., der Bruder des späteren Bundestagspräsidenten Eugen Gerstenmaier, den Volkssturm[91] in den Hof der Burgschule. Hauptmann Gerstenmaier war Anfang April 1945 zum Ortskommandanten mit dem Auftrag ernannt worden, die Gemeinde gegen den anstürmenden Feind auf jeden Fall bis zum letzten Blutstropfen zu verteidigen.

Die Ortskommandantur war im Haus Adolf-Hitler-Straße 34, heute Panoramastraße 34, untergebracht.

90 heute Optik-Haug

91 Volkssturm = das letzte Aufgebot. Pflichtig zum Volkssturm wurden mit dem Gesetz vom 10.10.1944 alle Männer der Jahrgänge 1884 bis 1928, also die Sechzehn- bis Sechzigjährigen, welche bis dahin noch nicht zur Wehrmacht einberufen worden waren. Wer den Dienst im Volkssturm verweigerte, dem wurde die Todesstrafe angedroht.

Sofort nach Bekanntwerden der Einberufung der Volkssturmleute hat Bürgermeister a.D. Gustav Kaltenbach, Hindenburgstraße 38, telefonisch und von Mund zu Mund die Plochinger Frauen aufgefordert, zu diesem Appell auch zu erscheinen. Kaltenbach vermutete zu Recht, daß bei dieser Versammlung die Verteidigung Plochingens besprochen, beschlossen und befohlen werden sollte. Kaltenbach hatte die Parole ausgegeben, die Einwohnerschaft müßte bei diesem „Befehlsempfang" darüber abstimmen können, ob Plochingen wirklich sich den Amerikanern und Franzosen mit Waffen entgegenstellen solle.

Um die zum Appell angetretenen Volkssturmmänner versammelten sich dann tatsächlich eine große Anzahl Plochinger Frauen.

Der Ortskommandant Gerstenmaier gab zunächst bekannt, daß er den Befehl habe, Plochingen auf jeden Fall zu verteidigen und der Volkssturm bekomme nun die detaillierten Anordnungen dazu.

Kaum hatte Gerstenmaier seine ersten Sätze gesprochen, kam aus den Reihen der dicht gedrängt stehenden Frauen heftigster Widerstand und Widerspruch auf. Laute Zurufe wie: „Plochingen wird nicht verteidigt", „wir wollen keine Zerstörung unserer Gemeinde" oder „Wir wollen keinen Bombenteppich auf Plochingen haben" platzten in die Befehlsausgabe hinein und machten den Ortskommandanten unsicher.
Dabei haben sich wohl die resoluten und unerschrockenen Frauen Elise Trick und Gertrud Veil besonders hervorgetan und den Kommandanten zur Aufgabe der Verteidigungspläne massiv gedrängt.

Nach dem vorliegenden Bericht wollte daraufhin Hauptmann Gerstenmaier die Anwesenden mit dem Hinweis besänftigen, er habe ja nur 50 Soldaten zur Verteidigung Plochingens zur Verfügung. Eine große Sache, so meinte er, werde es also nicht. Die Plochinger könnten doch alles in ihren Kellern oder in den Untergeschossen der Häuser überstehen.

Im Hof der Burgschule versammelten sich der „Volkssturm" und die Plochinger Frauen

Darauf sollen die Zurufe und Proteste der Frauen immer heftiger und drängender geworden sein. Dem Kommandanten wurde angedroht, daß die Bürgerschaft gegen ihn vorgehen werde, wenn er die Ausführung seiner Befehle weiter fordere. Gerstenmaier habe darauf erklärt, er verstehe absolut nicht, warum die Plochinger eigentlich nichts ertragen wollen, nachdem andere Städte und Gemeinden schon so viel durchgemacht hätten und unser Ort so viel wie gar nichts. Wenn die Bevölkerung seine Befehle nicht akzeptiere müsse er gegen sie unnachsichtig einschreiten. Erst nach einem großen Tumult verlief sich die Versammlung, ohne daß Gerstenmaier zunächst öffentlich ein Nachgeben oder wenigstens Verständnis gezeigt hätte.

Die Gestapo wird tätig

Der Vorfall hatte zur Folge, daß anderntags die Geheime Staatspolizei in Plochingen erschienen ist und tagelange Verhöre durchführte. Einige Feuerwehrmänner, die in Uniform am Appell teilgenommen hatten, wurden verhaftet, weil sie gegen die protestierenden Frauen nicht sofort eingeschritten seien. Aus dem gleichen Grund drohte auch dem damaligen Polizeihauptwachtmeister Friedrich Neff die Verhaftung. Nur weil durch den näherkommenden Feind die Gestapoleute plötzlich ganz andere Sorgen hatten, ging alles gerade noch glimpflich ab.

Protestwirkung

Am 18. April mußten 50 Mann des Plochinger Volkssturms nach Nellingen und Ruit zur Besetzung der dortigen Straßensperren abrücken, während am gleichen Tag 50 Leute aus Esslingen in Plochingen an den geschlossenen Barrikaden eingesetzt worden sind. Durch diesen Austausch wollte der durch die Frauenproteste beeindruckte Plochinger Kommandant die „Wehrbereitschaft" stärken und die Abhängigkeit der Volkssturmmänner von örtlichen und privaten Interessen beim Einsatz ausschließen.

Doch in der Frühe des 22. Aprils gab auch Hauptmann Walter Gerstenmaier dem fordernden Drängen nach, gab die Verteidigung Plochingens auf, riet noch, die Sperren abzubauen und suchte dann das Weite. Das mutige Eingreifen der Plochingerinnen hatte zweifellos den Ort vor noch schlimmerem Blutvergießen und weiteren Zerstörungen bewahrt.[92]

Gesprengte Neckarbrücke 1945

92 Eine ausführliche Beschreibung der Besetzung Plochingens durch die Amerikaner ist in den Plochinger Wegspuren Nr.33 „Das Ende des Dritten Reichs in Plochingen" nachzulesen (herausgegeben von der Stadtverwaltung Plochingen)

Gertrud Veil

geboren 13. März 1896 in Plochingen, gestorben 30. Mai 1976 in Plochingen, Tochter des Besitzers der Plochinger Kunstmühle Karl Bauer.
Nach Heirat mit dem Arzt Dr. Otto Ludwig Veil Wohnsitz im Schloß Pfullingen, wo der Ehemann Leitender Arzt der Nervenheilanstalt war.

Drei Söhne: Siegfried und die Zwillinge Helmut und Otto, Dr. Siegfried Veil, Frauenarzt in Esslingen, Privatklinik Dr. Veil, Dr. Otto Veil, Nachfolger in der väterlichen Arztpraxis und eigene Praxis in Wernau, gestorben 1967.
Helmut, als Fliegeroffizier am 7. November 1940 über der Themsemündung abgeschossen. Gertrud Veil versuchte 1975 zweimal, leider vergebens, mit einem gecharterten englischen Schiff das Wrack der Maschine ihres Sohnes, einer Me 110, zu finden und mit ihrem toten Sohn zu bergen.

Die beiden Glocken des Gemeindehauses in der Hermannstraße stiftete Gertrud Veil zum Gedenken an ihren Sohn Helmut.

1921 siedelte Gertrud Veil mit ihrer Familie nach Plochingen über, Bau eines Wohn- und Praxishauses in der Hermannstraße. Als Vorsitzende des landwirtschaftlichen Hausfrauenvereins warb sie kräftig für die Verwendung einheimischer Produkte.

Nach 1933 kurzzeitig Leiterin der Plochinger NS-Frauenschaft; jedoch mußte sie aus dieser Organisation bald wieder wegen Verbreitung von Meinungen, die der NSDAP nicht genehm waren, ausscheiden. Wegen Beihilfe zur Flucht eines von der NSDAP verfolgten Ostpreußen, der zuerst in die Schweiz, dann nach Brasilien auswandern konnte, stand Gertrud Veil im Dritten Reich von da ab unter ständiger Aufsicht der Gestapo. Nach dem Tod des Ehemanns Bau des „Panoramahotels" in Esslingen und dessen jahrzehntelange Leitung; Erst im hohen Alter kehrte Gertrud Veil in die Plochinger Hermannstraße zurück.

Gertrud Veil

1925 Gertrud Veil (links) bei einer Autoausfahrt in den Schwarzwald mit ihren Söhnen Siegfried, Otto und Helmut und Patin Hermine Reiner

Elise Trick, geb. Sippel

Elise und Bernhard Trick nach dem Zweiten Weltkrieg in Plochingen

1901 wurde Elise Trick in Schwieberdingen als Tochter eines Landwirtseheparars geboren. Im Bauernhaus lebten mit ihr noch 9 Geschwister.

Ganz selbstverständlich mußte sie von früher Jugend an in der Landwirtschaft mitarbeiten. Oft hat sie erzählt, wie sie bei der Zuckerrübenernte als junges Mädchen häufig allein mit dem Pferdefuhrwerk von Schwieberdingen zur Zuckerfabrik nach Ludwigsburg hat fahren müssen und wie sie dann bei der Rückfahrt in der Dunkelheit furchtbare Angst ausgestanden hat.

Schon sehr früh dachte Elise Trick ans Auswandern. 1923 packte sie dann ihr Bündel und ging in die USA zu einer bereits dort ansässigen Schwester. Über zehn Jahre war sie in einem jüdischen Millionärshaushalt als Köchin tätig.

1936 heiratete Elise den Bernhard Trick in New York City. Das Paar hatte sich im Deutschen Club kennengelernt. Bernhard Trick kam aus Freudenstadt und war für die Firma Bosch in New York tätig.

1937 kehrte das Ehepaar Trick zurück nach Deutschland und wohnte zunächst in Stuttgart. Dort wurde der Sohn Walter geboren. Als die Stuttgarter Wohnung durch Fliegerbomben zerstört worden ist, zogen die Tricks zunächst zu Bernhards Vater, dem Rangiermeister Johann Trick, in die Ulmer Straße 21/1, dann in die Bismarckstraße 5. Elise Trick ist 1983 in Plochingen gestorben.

Elise Trick im April 1933 in Philadelphia

Vertrieben aus der Heimat

Magdalena Eichhorn
aus der Batschka,
Johanna Würch aus der Slowakei,
Ruth Krusch aus Schlesien

Als das Stadtarchiv 1997 die Plochinger Heimatvertriebenen gebeten hat, Berichte über die Vertreibung nach dem Zweiten Weltkrieg aufzuschreiben, erreichten den Verfasser auch erschütternde Aufzeichnungen dreier Frauen, die hier nun stellvertretend für viele weitere Leidensgefährtinnen ihren bedrückenden Weg von der Heimat bis nach Plochingen selbst erzählen sollen.

Als Hitlers Wahnsinnskrieg zu Ende war, hatten durch die Vertreibung Unschuldige unermeßliches menschliches Leid zu tragen und manches Menschen Glaube an Recht und Gerechtigkeit zerschellte auch an den grausamen Geschehnissen der unmittelbaren Nachkriegszeit.

Mit diesen Berichten sollen nicht mühsam vernarbte Wunden aufgerissen werden und nationalistische Gefühle wiedererweckt werden. Die im deutschen Namen geschehenen Verbrechen, bei denen die Menschlichkeit mit Füßen getreten worden ist, und das Vertreibungselend dürfen nicht miteinander aufgerechnet werden. Auch wenn es Ereignisse gibt, die man nicht vergessen kann, so sollen sie doch vergeben werden, denn sonst wäre ein gemeinsames Leben mit anderen Nationen nicht möglich. Voll Entsetzen und Trauer sollten wir miteinander auf das schauen, was als Folge eines verbrecherischen Krieges und unsinniger Ideologien hier und dort geschehen ist. Versöhnung setzt Gegenseitigkeit voraus, wenn wir der Jugend Europas die schrecklichen Irrtümer der Vergangenheit ersparen wollen.

Vertrieben aus der Heimat und in Güterzüge verladen

Magdalena Eichhorn

Meine Heimat

„Als erstes von drei Kindern der Eheleute Franz und Gertrud Menrath wurde ich 1931 in Hodschag in der Batschka/Jugoslawien[93] geboren. Mein Heimatort war eine rein deutsche Gemeinde mit etwa 10 000 Einwohnern, überwiegend Bauern. Auch meine Eltern betrieben Landwirtschaft und Weinbau.

Das Unglück beginnt

Im September 1944 zogen endlose Kolonnen von Flüchtlingen aus dem Banat[94] durch unsere Gemeinde. Viele Hodschager Bürger haben sich ihnen angeschlossen und sind am 9. Oktober 1944 auch geflüchtet. Mein Vater entschied sich, in der Heimat zu bleiben. Er meinte, daß wir nicht Mitglied bei der Deutschen Partei und nicht für Hitler gewesen sind und daß uns deshalb nichts geschehen könne. Welch ein Irrtum. Gleich danach durchzog die russische Front unser Heimatgebiet. Fremde jugoslawische Partisanen besetzten unser Dorf und wir Deutschen wurden Freiwild. Wir durften den Ort nicht mehr verlassen. Flucht war unmöglich.

93 Batschka, ehemals ungarisch, 1920 jugoslawisches Gebiet zwischen unterer Theiß und Donau, sehr fruchtbares Gebiet mit einst rund 175 000 Deutschen in wohlhabenden Gemeinden.

94 Banat = fruchtbare Kulturlandschaft zwischen unterer Theiß und Donau, 1920 aufgeteilt zwischen Rumänien und Jugoslawien. Seit 1722 mit den „Banater Schwaben“ besiedelt, Hauptstadt war Temesvár, vor dem Zweiten Weltkrieg lebten rund 440 000 Deutsche im Banat.

Terror in Hodschag

Am 23. November 1944 war Razzia in Hodschag. 180 Hodschager Männer jeden Alters wurden abgeholt und in ein leerstehendes Haus eingesperrt. Gegen Abend hat man die Männer völlig entkleidet in Viererreihen aufgestellt zum Ort hinausgeführt und erschossen. Ein einziger dieser Männer konnte sich in ein Maisfeld retten und hat überlebt. So ist diese Aussage möglich.
Von da ab hatten wir alle eine große Angst. Der nächste Schrecken kam an Weihnachten 1944. 167 Hodschager Frauen und Männer wurden am 26. Dezember 1944 nach Rußland zur Zwangsarbeit deportiert. Mein Vater war auch dabei. Er kehrte wie viele andere nie mehr zurück. Er starb am 8. April 1946 den Hungertod.

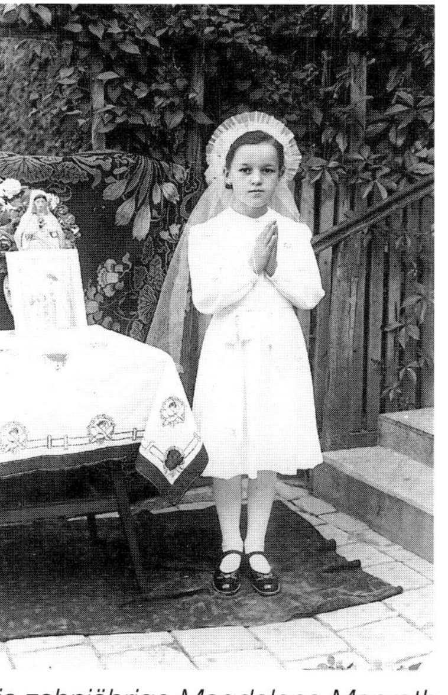

Die zehnjährige Magdalena Menrath, heute Frau Eichhorn, als Erstkommunikantin in Hodschag/Batschka

Internierung in Filipowo

Die vollständige Lagerinternierung der Deutschen geschah zwischen Anfang März und Ende Juni 1945. Am 18. Juni 1945 war es für uns so weit. Alle noch verbliebenen Hodschager Einwohner brachte man zur Sammelstelle auf dem Sportplatz. Alte Menschen und Kinder kamen am Nachmittag mit einem Fußmarsch von 7 km ins Lager Filipowo. Meine Großmutter Menrath, meine Mutter, meine Brüder Michael (12jährig) und Stefan (2jährig) und ich waren auch dabei.

Die seit März 1945 leerstehenden Häuser der Deutschen von Filipowo wurden uns als Quartiere zugewiesen, wo wir eng zusammengepfercht hausten. 15 bis 20 Personen waren in einem Raum, egal ob Zimmer oder Stall. Alles wurde voll belegt. Nur etwas Stroh zum Schlafen lag auf dem Fußboden. Zum Essen gab es morgens und abends eine Mehlsuppe, mittags Bohnensuppe mit einem Stück Brot.

Seuchen im Lager

Die noch Arbeitsfähigen, so auch meine Mutter, mußten jeden Morgen um sechs Uhr zur Feldarbeit antreten. Alte Leute und Kinder durften im Lager bleiben. Nach einigen Wochen bekamen viele ältere Leute Durchfall. Daraufhin wurden Latrinen im Garten gegraben, weil die eine Toilette, die sich im Haus befand, nicht mehr ausgereicht hat. Es gab eine Unmenge Flöhe und Fliegen. Malaria breitete sich aus. Fast alle Lagerinsassen waren davon betroffen. Täglich, immer zur selben Uhrzeit, bekamen wir Schüttelfrost und hohes Fieber. Einen Arzt oder Medizin gab es für uns nicht. Das Sterben begann. Auch meine Großmutter Menrath ist am 29. Juli 1945 im Alter von 62 Jahren gestorben. Daraufhin schmuggelte ein Pfarrer für uns Chinin-Tabletten ins Lager, ohne die wohl niemand überlebt hätte.

An einem heißen Sommertag kam früh morgens der Befehl, mit unserer letzten Habe auf die Straße herauszukommen. Daraufhin kamen die Partisanen, durchwühlten unsere Rucksäcke und nahmen alles mit, was ihnen zugesagt hat.
Erst am späten Abend durften wir wieder ins Haus. Zu essen gab es an diesem Tag nichts.

Nach Gakowa

Am 17. Oktober 1945 wurde das Lager in Filipowo aufgelöst. In Viehwaggons wurden wir nach Gakowa transportiert. Dort war das größte Todeslager von Jugoslawien. Als wir dort ankamen, waren alle Häuser überfüllt. Für meine Familie gab es keinen Unterschlupf mehr in einem Zimmer. Nur in einer ehemaligen Schmiedewerkstatt war für uns noch etwas Platz. Der Fußboden war aus Stein und ganz dürftig mit Stroh bedeckt. Auf diesen kalten Steinen haben wir im eisigen Januar 1946 geschlafen. Mit der einzigen Decke, die wir von zu Hause noch hatten, deckten wir uns zu. Wir sind fast erfroren. Eine Heizung gab es natürlich in der Schmiede nicht. Dafür gab es Läuse jede Menge. Schützen konnte man sich nicht dagegen, alle waren ja verlaust. Das Essen war in Gakowa noch weniger und noch schlechter als in Filipowo. Alle Suppen waren ohne Salz und Fett, fast nicht genießbar.

Hungertod

Über Weihnachten 1945 gab es 12 Tage kein Brot und auch 3 Tage keine Suppe. Die kleinen Kinder schrien alle vor Hunger. Auch mein Bruder Stefan. Ich höre es heute noch, wie er geweint und gefleht hat: „Mami gib mir Brot!". Aber Mami hatte keines und Stefan war zu klein, um dies zu verstehen.
Wie müssen damals unzählige Mütter gelitten haben, wenn sie mit ansehen mußten, wie ihre Kinder verhungert und gestorben sind. Die Kleinen bis zum Alter von zehn Jahren fanden damals alle einen grausamen Tod.

In dieser großen Not haben sich viele Mütter entschlossen, heimlich bei den Serben und den Ungarn in der Nachbarschaft etwas Eßbares zu erbetteln. Dies war außerordentlich gefährlich, weil das ganze Lagerdorf ringsum von Partisanen bewacht war. Trotzdem hat es meine Mutter einmal versucht und wurde prompt geschnappt und eingesperrt. Sie kam in einen dunklen Keller, in dem schon viele der gefangenen „Bettler" vegetierten. Weil es im Kellergefängnis nichts zu essen gab, habe ich meiner Mutter nachts immer etwas von unserer dünnen Suppe durchs Kellerfenster gereicht. Zweimal am Tag wurden alle Kellerinsassen auf die Straße geholt, geschlagen und wieder hinuntergetrieben. Ihre Notdurft verrichteten sie in einer Kellerecke. Täglich gab es Tote im Keller.
Nach fünf Tagen durfte meine Mutter grün und blau geschlagen zu uns Kindern zurück.

Weitere Schikanen

Am 15. Januar 1946 kamen morgens Partisanen in die Häuser und jagten alle Insassen mit Sack und Pack auf die Straße.
Es hatte geschneit und es war bitter kalt. Die Kinder wurden von ihren Müttern weggerissen und kamen allein in die Häuser am Ende des Dorfes. Eine junge Frau wollte sich nicht von ihren kleinen Kindern trennen. Auf der Stelle hat man sie vor unseren Augen erschossen. Das gleiche Schicksal widerfuhr einem älteren, nicht mehr gehfähigen Mann.. Diese beiden Toten lagen direkt neben mir. Wie lange wir Kinder damals allein ohne unsere Mütter waren, weiß ich heute nicht mehr. Einige Zeit später waren wir dann Gott sei Dank wieder beisammen.
Eine Typhusepidemie ist im Lager im Februar 1946 ausgebrochen und täglich starben bis zu 60 Personen. Die Toten nähte man in Tücher ein, legte sie an den Straßenrand, bis sie mit einem Fuhrwerk zu großen Massengräbern geführt wurden, wo sie wie Holzscheite übereinander geschichtet und mit wenig Erde bedeckt wurden.
Nachdem auch 11 Partisanen an Typhus gestorben waren, wurde das ganze Lager im März 1946 entlaust und wir hatten wenigstens eine Plage weniger.

Zu früh gefreut

Im April 1946 durfte mein älterer Bruder zu einem serbischen Bauern als Schweinehirt in den Nachbarort. Nun brauchte er wenigstens nicht mehr hungern. An einem Sonntag nachmittag kam die Bäuerin und mein Bruder Michael mit einem Planwagen angefahren. Sie brachte uns Mehl, Kartoffeln, Brot und Speck. Das kann man sich gar nicht vorstellen, wie wir uns darüber gefreut haben. Aber wir haben zu früh gejubelt. Weil gerade ein Partisan vorbeikam, mußte die Bäuerin die Lebensmittel wieder aufladen und mitnehmen.

Stefans Tod

Und dann kam der 19. Juni 1946. Meine Mutter ging wie jeden Tag zu der Zwangsarbeit auf die Felder. Allein an diesem Tag kehrte sie nicht wie sonst abends zu uns zurück. Ich war nun mit meinem kleinen Bruder Stefan ganz allein. Seit Wochen konnte er vor lauter Schwäche nicht mehr aufstehen. Gegen Mitternacht war mein Brüderlein tot. Seine Füße und sein Bäuchlein waren dick aufgeschwollen. Er hatte ein Gesicht wie ein Greis. Nach zwei Tagen hat ein alter Mann Stefan auf einer Schubkarre zum Friedhof gefahren. An diesem Abend kam meine Mutter vom Nachbarort zurück. Sie hatte dort für die Partisanen die Wäsche waschen müssen. So hat meine Mutter also ihren Stefan gar nicht mehr gesehen.

Flucht

Im Herbst 1946 war mein Bruder Michael wieder bei uns im Lager. Gemeinsam hungerten und froren wir nun schon den zweiten Winter.
Nach Weihnachten 1946 hatte es sich herumgesprochen, daß diejenigen, die 1000 Dinar pro Person bezahlen könnten, das Lager straffrei verlassen dürften. Unsere letzten gut erhaltenen Kleidungsstücke haben wir an Serben verkauft und konnten am Abend des 6. Mai 1946 zusammen mit 90 Deutschen die Flucht beginnen.
Der Führer, der uns zur 7 km entfernten ungarischen Grenze begleiten sollte, kehrte nach kurzer Zeit um und überließ uns unserem Schicksal. Panik brach aus. Die Leute teilten sich in Gruppen auf. Niemand wußte in unserer 14 Leute zählenden Gruppe, in welcher Richtung es zur Grenze ging. Weil an den Straßen überall Wachposten aufgestellt waren, konnten wir uns nur ganz mühselig querfeldein weiterbewegen. Wie wir Unterernährten es geschafft haben ,über die ungarische Grenze zu kommen, weiß ich heute nicht mehr. In Hidasch Bonyhat arbeiteten wir bei einem Bauern, um etwas Geld für die weitere Flucht nach Österreich zu verdienen.

Nach etwa vier Wochen warnte uns eine Frau vor einer bevorstehenden Razzia. Die aus Jugoslawien Geflüchteten sollten alle wieder dahin zurückbefördert werden. Wir überlegten nicht lange und machten uns auf den Weg nach der Endstation Sankt Gotthardt vor der ungarisch-österreichischen Grenze. Junge Männer erboten sich hier, uns gegen unser letztes Geld sicher über die Grenze zu führen. Aber auch diese „Helfer" kehrten nach wenigen hundert Metern wieder um und ließen uns allein. Es gelang uns mit viel Angst doch noch, über die Grenze zu kommen. In der russischen Zone war es uns aber noch viel zu gefährlich. Nach tagelangem Umherirren in den Bergen erreichten wir dann die amerikanische Zone und waren endlich in Freiheit. Zwei Wochen Aufenthalt im Durchgangslager und Arbeitsmöglichkeiten in einer Gärtnerei in Weitersfeld bei Murek waren für uns der Himmel auf Erden.

Ende Oktober 1947 überschritten wir letztmalig heimlich eine Grenze. Unser Ziel war Deutschland. Über Wasseralfingen, Spielbach und Waiblingen kam ich endlich 1965 nach Plochingen.

Die schlimmen Erlebnisse, die Ängste und die schrecklichen Erinnerungen machten aus mir einen seelisch kranken Menschen. Bis zu meinem Lebensende werde ich diese furchtbaren Jahre nicht mehr vergessen können."

Johanna Würch

„Meine Heimat“

Glaserhau in der Mittelslowakei ist mein Heimatort. Bis zur Vertreibung 1945 war dies ein deutsches Dorf.
Über 600 Jahre lebten hier die Deutschen friedlich mit den slowakischen Nachbarn zusammen, zunächst in der österreichisch-ungarischen Monarchie und nach dem Ersten Weltkrieg in der neugegründeten Tschechoslowakischen Republik. Auch nach dem 14. März 1939, als die Tschechoslowakei durch Hitler zerschlagen und die Slowakei zu einer eigenständigen Republik gemacht worden waren, änderte sich in Glaserhau zunächst nichts am bestehenden guten Zusammenleben der verschiedenen Volksstämme.

Johanna Würch
Sudetenweg 4, Plochingen
in der Glaserhauer Tracht

Partisanen kommen

Mit dem Zurückweichen der deutschen Armeen an der Ostfront im Jahr 1943 endete jedoch jäh die friedliche Zeit. Im Frühjahr 1944 wurden in den großen Waldgebieten der Mittelslowakei von sowjetischen Offizieren ausgebildete Partisanen abgesetzt. Im Sommer 1944 kam es zum sogenannten Slowakischen Nationalaufstand, der für uns dort lebenden Deutschen zur Hölle wurde. Besonders Glaserhau hat den auf alles Deutsche geschürten Haß spüren und erleiden müssen.

Massaker

In der Nacht vom 20. zum 21. September 1944 und den unmittelbar darauffolgenden Tagen wurden 215 männliche Personen im Alter von 15 bis 60 Jahren aus unserem Dorf zusammengetrieben und später in vier geschlossenen Güterwagen etwa drei Kilometer weit außerhalb von Glaserhau zu einer Waldlichtung gefahren.

Dort wurden aus den beiden vorderen Wagen die 20 kräftigsten Männer herausgeholt und mit Pickeln und Schaufeln ausgerüstet. Die bewaffneten Partisanen führten sie zu einer nahegelegenen Stelle des Bahndamms. Dort mußten die Männer eine ungefähr 8 m lange und 3,5 m breite und 2 m tiefe Grube ausheben.

Die in den Güterwagen zurückgebliebenen Männer konnten die Vorgänge durch die kleinen vergitterten Fenster verfolgen. Sie ahnten zu diesem Zeitpunkt bereits, was ihnen unmittelbar bevorstand. Hatten zuvor noch einige den Mut gehabt, heftig gegen die verschlossenen Wagentüren zu hämmern und laut zu protestieren, so wurden allmählich alle ganz still, von der lähmenden Todesangst ergriffen.

Nachdem die Grube ausgehoben war, wurden zuerst die restlichen Männer aus dem ersten und zweiten Waggon herausbefohlen. Mäntel und Wertsachen, Uhren und Ringe, mußten abgelegt werden. In Dreierreihen wurden die Todgeweihten zur Grube geführt und mußten dort hineinspringen. Wer zögerte, wurde mit dem Gewehrkolben hineingestoßen. Hier war ihr gemeinsames Grab. Fünf Maschinengewehre eröffneten das Feuer auf die in der Grube befindlichen Männer.

Als kurze Zeit später die Insassen der anderen beiden Güterwagen auch zum Grubenrand getrieben worden sind, ergriff plötzlich einer die Flucht durch die Baum- und Buschreihen. Die Maschinengewehre schossen wie wild auf den Flüchtenden, die Partisanen wurden abgelenkt und 24 Glaserhauer Männer konnten die Augenblicke der Verwirrung zur Flucht nützen.

Diese gerade noch einmal dem Tode Entkommenen haben das schreckliche Vorkommnis zu Protokoll gegeben. Der katholische Pfarrer von Glaserhau, Josef Pöss und zwei andere Männer überlebten verletzt im Massengrab.. Sie konnten sich nach Einbruch der Dunkelheit aus dem nur mit einer dünnen Erdschicht bedeckten Massengrab herausarbeiten und in Sicherheit bringen.
187 Menschen mußten an diesem Tag, nur weil sie Deutsche waren, ihr Leben lassen. Der Schmerz und die Trauer im Dorf ist mit Worten nicht zu beschreiben. Es gab Familien, die an diesem Tag durch das Massaker drei Angehörige verloren hatten.

Neue Heimat Plochingen

Aus diesem vom Leid so hart getroffenen Dorf Glaserhau haben noch weitere elf Familien, jeweils nach einer langen und unmenschlichen Vertreibungs-Odyssee, in Plochingen schließlich eine neue Heimat gefunden.

Ich selbst war bei diesen Ereignissen damals 21 Jahre alt und habe folgende Zeilen in mein Tagebuch geschrieben:

Wir stehen mit gesenktem Haupt
und fühlen uns verbunden
mit den Seelen, die uns vom Tod
geraubt in Stunden.

Wird man es je ermessen,
wieviel Schmerz und wieviel Not
durch Menschen, die vom Haß besessen
unserer Welt ohne Ende droht.“

Ruth Krusch

Ruth Krusch

Meine Heimat

Im schlesischen Ohlau wurde ich 1929 geboren. Mein Vater war Zollbeamter an der deutsch-polnischen Grenze in Hindenburg/Oberschlesien. Nach 1939 wurde mein Vater nach Krenau an die Grenze zum damaligen „Generalgouvernement" versetzt.

Die Flucht beginnt

Von Krenau aus begann im Januar 1945 zunächst mit einem Wagen und zwei Pferden die 200 km lange Flucht nach Liegnitz in Niederschlesien. Von dort aus ging es mit dem Vater und dem Fuhrwerk weiter nach Görlitz und schließlich in die Tschechei nach Tetschen-Bodenbach.

Die Familie wird auseinandergerissen

Inzwischen war meine Mutter mit sechs Kindern in einem Transport nach Österreich gebracht worden. Mein Vater mußte dann wieder zurück zu seiner Zoll-Einheit. Ich blieb als 16jähriges Mädchen mit dem Wagen und zwei Pferden allein.

Im Inferno von Dresden

Ich zog mit dem Gespann weiter und mußte das schreckliche dreitägige Bombeninferno auf die sächsische Hauptstadt Dresden vom 13. bis 15. Februar 1945 zusammen mit Abertausenden anderer Vertriebenen miterleben. Diese furchtbaren Szenen werde ich nie in meinem Leben vergessen können. Dresden hatte damals 650 000 Einwohner, 500 000 schlesische Flüchtlinge und Zehntausende Kriegsverwundete in seinen Mauern. 800 Kampfflugzeuge der Royal Airforce leiteten damals die Luftoperation ein. 1300 amerikanische „Strategische Festungen" folgten der ersten Angriffswelle und die gleiche Anzahl von britischen „Fliegenden Festungen" und „Liberators" setzten das grausame Bombadement fort. Zum bitteren Ende leerten dann noch Verbände der 8. US-Luftflotte ihre Bombenschächte.

Die offizielle Totenliste dieser drei Schreckenstage führt 35 000 Namen auf. Es ist aber sicher, daß Hunderttausende in diesem Inferno umgekommen sind.

Es ist heute bekannt, daß diese mörderischen anglo-amerikanischen Luftangriffe auf die Zivilbevölkerung und die große Flüchtlingsschar militärisch völlig bedeutungslos gewesen sind. So sinnlos und menschenverachtend ist eine Krieg. Neben der Trauer bleibt die Mahnung, allen Anfängen der Barbarei entschlossen entgegenzutreten.

Der Treck geht weiter

Im Mai 1945 zog ich allein mit einem Treck über das Riesengebirge wieder nach Liegnitz. Dort wurde ich von den Russen vertrieben, ging erneut nach Görlitz und als ich gemeint habe, die Lage habe sich einigermaßen beruhigt, wagte ich noch einmal die Fahrt zurück nach Liegnitz. Doch schon unterwegs nahmen mir Russen die Pferde weg. Ein Bauer gab mir für mein Fuhrwerk einen Ochsen. Kaum war ich aber in der Regierungsbezirkshauptstadt Liegnitz eingetroffen, wurde mir auch noch mein Zugochse abgenommen.

Erste Nachkriegszeit in Liegnitz

Da stand ich nun mutterseelenallein in der unter polnische Verwaltung gekommenen niederschlesischen Stadt. Ich hatte zunächst nur ein Ziel, möglichst schnell wieder meine Angehörigen zu finden und zu ihnen kommen. Doch dann lernte ich meinen Mann Günter Krusch kennen, der im November 1945 nach einer Typhus-Erkrankung in seine Heimatstadt Liegnitz aus der polnischen Haft entlassen worden war. 1949 heirateten wir und arbeiteten dann gemeinsam in einem russischen Kombinat, das 1952 von den Polen übernommen worden ist. Drei Kinder wurden uns in Liegnitz geschenkt.

In Plochingen

Nach Kriegsende kam meine Mutter von Österreich mit sechs Kindern nach Plochingen und fand im „Waldhorn" Quartier. 1948 wurde mein Vater aus der Gefangenschaft entlassen, war zunächst in der Waldhornbrauerei und später ab 1949 beim Zollamt in Esslingen beschäftigt.

Vertriebenentreck bei Kälte, Schnee und Eis und in ständiger Angst vor den angreifenden „Rata"-Tieffliegern

Wir fünf Liegnitzer stellten immer wieder Anträge auf eine Genehmigung zur Ausreise. Endlich, im Juni 1957 konnten wir über Stettin, Friedland, Weinsberg auch nach Plochingen kommen.

Die Familie hatte endlich wieder nach langen schlimmen Jahren zusammengefunden. Hier im Schwabenland erblickte dann unsere Tochter, unser viertes Kind, das Licht der Welt. Sie ist also schon eine geborene „echte" Plochingerin.

Ob Stadtranderholung oder bei der AWO-Begnungsstätte im Gablenberghaus: Ruth Krusch ist als Helferin immer dabei.

Pfarrvikarin Edelgard Dieterich

Edelgard Dieterich

Schon einige Jahre vor der offiziellen Einführung der Frauenordination in der württembergischen evangelischen Kirche im Jahr 1968 hat Edelgard Dieterich als Pfarrvikarin die Pfarrstelle der damaligen „Evangelischen Kirchenstation Stumpenhof" von 1961 bis 1965 versehen. Sie hat sich als beliebte Gründungsgeistliche der evangelischen Stumpenhofgemeinde in Plochingen große Verdienste um den damals noch jungen und im raschen Aufbau befindlichen Stadtteil erworben.

Edelgard Dieterich war die erste evangelische Theologin auf den Plochinger Kanzeln.

Schon im Zweiten Weltkrieg hatten Theologinnen in erheblichem Umfang den Gemeindedienst an der Stelle von zum Militärdienst einberufenen Pfarrern versehen. Nach dem Krieg trugen die Gliedkirchen der EKD dieser Praxis nach und nach Rechnung. Dabei wurde allenthalben aufgrund sorgfältiger Prüfung die Frage der Vereinbarkeit der Frauenordination mit der Heiligen Schrift eindeutig bejaht.

Die 1924 in Berlin geborene Edelgard Dieterich absolvierte 1954 das 1. und 1958 das 2. theologische Dienstexamen. Ab 1. August 1961 tat sie als Vikarin und bald darauf als Pfarrvikarin ihren Dienst in der Vorstadt Stumpenhof. Von da ab konnte auf dem Stumpenhof nicht mehr nur vierzehntätig, sondern jeden Sonntag Gottesdienst gehalten werden. Neben der Kirchenarbeit auf dem Stumpenhof wurden Frau Dieterich die Krankenhausseelsorge für Frauen und einige Religionsstunden an den Plochinger Schulen übertragen. Ab 1. Februar 1962 erklärte sich der Plochinger Kirchengemeinderat damit einverstanden, daß in der Plochinger Kirchenstation Stumpenhof auch Kasualien (geistliche Amtshandlungen aus besonderem Anlaß), vor allem Hochzeiten und Taufen stattfinden konnten. Dabei ist der wichtige Protokollvermerk zu beachten: „Auch bei Vornahme der Kasualien durch Frau Pfarrvikarin Dieterich".

1965 ging die Pfarrvikarin an das Diakonieseminar nach Denkendorf, anschließend als Pfarrerin an ein Tübinger Klinik-Pfarramt und schließlich auf eine Pfarrstelle nach Rottweil. Seit 1984 ist Pfarrerin Edelgard Dieterich pensioniert.

Sühnezeichen und Erfüllung

Die Geschwister Maria und Mina Lutz zogen ins Heilige Land

Die Bauernfamilie Lutz

Die Familie Lutz hatte ein großes Bauernhaus in der Plochinger Burgstraße 15. Das währschafte Gebäude mit einer Frontlänge von 30 Metern strömte Ruhe, Gelassenheit, Geborgenheit und schwäbische Festigkeit aus. Viele Generationen der Landwirts- und Weingärtnerfamilie Lutz hatten hier gelebt und gewirtschaftet.

Der in der pietistischen Hahnschen Gemeinschaft fest verwurzelten Familie des Alt Imanuel Lutz und seiner Frau Wilhelmine, geborene Ehninger, sind fünf Kinder geschenkt worden: Maria, Mina, Jung Imanuel, Karl und Lydia. Karl fiel 1943 als Soldat im Zweiten Weltkrieg, Lydia starb 1956 und Jung Imanuel wurde1969 abberufen.

Von da ab waren die beiden Schwestern Maria, geboren 1902, und Mina, geboren 1904, allein und bewirtschafteten zusammen mit ihrem Knecht Josef Ott wie seit Jahrzehnten fleißig arbeitend ihren großen Hof. Im Laufe der Jahre sind sie kaum über Stuttgart hinausgekommen. Vieh, Felder und Wiesen ließen ihnen einfach keine Zeit zum längeren Ausschnaufen. Sie lebten das bescheidene Leben frommer Bauersleute ohne besondere Ansprüche. Gestärkt durch eine besondere Bibelfestigkeit kam ihr Glaube und ihre Liebe zum Heiligen Land aus tiefem Herzen.

Die Bauernfamilie Lutz, Burgstraße 15, zu Beginn des Jahres 1915 im Ersten Weltkrieg. Von links: Mina (1904 - 1986) † in Jerusalem, Vater Imanuel (1877 - 1957), Maria (1902 - 1988) † in Jerusalem, Lydia (1913 - 1956), Mutter Wilhelmine (1873 - 1922), Imanuel (1907 - 1969), Karl (1908 - 1943).

Absender: Der SS- und Polizeiführer im Distrikt Warschau

Warschau, den 16. Mai 1943

Az.: I ab - St/Gr. - 1607 Tgb.Nr. 652/43 geh.

Betr.: Ghetto-Großaktion.

An den

Höheren SS- und Polizeiführer Ost
SS-Obergruppenführer und Genral d. Polizei Krüger
o.V.i.A.

K r a k a u

Verlauf der Großaktion am 16.5.43, Beginn 10.00 Uhr:

Es wurden 180 Juden, Banditen und Untermenschen vernichtet. Das ehemalige jüdische Wohnviertel Warschau besteht nicht mehr. Mit der Sprengung der Warschauer Synagoge wurde die Großaktion um 20.15 Uhr beendet.

Die für die errichteten Sperrgebiete weiter zu treffenden Maßnahmen sind dem Kommandeur des Pol.-Batl. III/23 nach eingehender Einweisung übertragen.

Gesamtzahl der erfaßten und nachweislich vernichteten Juden beträgt insgesamt 56 065.

Keine eigenen Verluste.

Schlußbericht lege ich am 18.5.43 bei der SS- und Polizeiführertagung vor.

Der SS- und Polizeiführer
im Distrikt Warschau

gez. Stroop

SS-Brigadeführer
u. Generalmajor d. Polizei

F.d.R.

SS-Sturmbannführer.

Alt Imanuel und Jung Imanuel Lutz kamen vierzehn Tage nach dieser Vernichtungsaktion nach Warschau. Dabei müssen die beiden Bauersleute von der schändlichen „Großaktion" erfahren haben. Ein Schlüsselerlebnis für die ganze Familie Lutz und ihre vielen Freunde in der Hahnschen und in der Süddeutschen Gemeinschaft.

Wendepunkt

Alt und Jung Imanuel Lutz besuchten in den ersten Junitagen 1943 ihren schwerverwundeten Sohn und Bruder Karl kurz vor dessen Tod in einem Warschauer Lazarett. Dort in Warschau wurden die Plochinger mit den Verbrechen am jüdischen Volk konfrontiert; ihnen ist dort wohl das unmenschliche Verbrechen im jüdischen Ghetto nicht verborgen geblieben. Als die beiden Bauersleute nach Plochingen zurückkehrten, sagten sie zu Maria, Mina und Lydia, daß die Schuld der Deutschen eine unermeßliche sei und daß man ab jetzt alles nur Menschenmögliche tun müsse, um diese Schuld abtragen zu helfen.

Der Zehnte

„Den Kindern Levi aber habe ich alle Zehnten gegeben in Israel zum Erbgut für ihr Amt“ (4. Mose, 19).

Die Lutz-Familie hat die Botschaft von der notwendigen aktiven Wiedergutmachung in den vertrauten Kreis ihrer Glaubensschwestern und - brüder hineingetragen. Besonders bei den Angehörigen der Hahnschen und der Süddeutschen Gemeinschaften fanden diese Gedanken große Zustimmung. Viele Plochinger Frauen und Männer haben daraufhin nach dem Zweiten Weltkrieg dem „Keren Kayemeth Leisrael“[95] monatlich den Zehnten ihres Einkommens, zum Teil noch bis heute, überwiesen.

Das Haus der Familie Lutz in der Burgstraße vor dem Abbruch 1980

95 Organisation, die sich die Fruchtbarmachung und Aufforstung in Israel, insbesondere der Negev-Wüste, zum Ziel gesetzt hat.

KKL

קרן קימת לישראל
(Keren Kayemeth Leisrael)
JÜDISCHER NATIONALFONDS E. V.
LANDESZENTRALE FÜR DIE BUNDESREPUBLIK DEUTSCHLAND UND WEST-BERLIN

J. N. F., 4 Düsseldorf, Uerdinger Straße 24

4 DÜSSELDORF, den 3.5.1973
Uerdinger Straße 24
Telefon: 451150

Frau
[redacted]

731 Plochingen
[redacted]

Liebe Israelfreunde!

Wir freuen uns, Ihnen als Anlage die feierliche Urkunde über die Pflanzung von Bäumen in Israel anläßlich des

25. Jubiläums des Staates Israel

zu überreichen.

Wir bedanken uns nochmals für Ihre Spende und verbleiben

mit herzlichen Grüßen
und Schalom
M. Kuller
JÜDISCHER NATIONALFONDS E.V.
KEREN KAYEMETH LEISRAEL

Schenkt Bäume
statt Blumen

Mittelpunkt Gleichgesinnter

Nach dem Krieg war das Lutz-Haus in der Burgstraße ein geistiger Mittelpunkt ähnlich Gesinnter aus der Region. Sogar bundesweit war diese Begegnungsstätte bekannt und gesucht.
Auch bei Veranstaltungen der Jüdischen Gemeinde Stuttgarts waren die Geschwister Lutz öfter zu sehen, auch wenn sie bescheiden immer in der letzten Reihe gesessen sind.
Ende der sechziger Jahre stellten Maria und Mina Lutz dann Kontakt mit der Landeszentrale des Jüdischen Nationalfonds her und bald flossen auch weitere große Spenden der Geschwister für Aufforstungsmaßnahmen nach Israel.

Durch Kontakte mit dem Evangeliumsdienst für Israel, mit der Gesellschaft für christlich-jüdische Zusammenarbeit und mit dem Konstanzer Dr. Erich Bloch kam es u. a. 1968 in der „Woche der Brüderlichkeit" mit Hilfe des Plochinger Stadtjugendrings zu einem Konzert der beiden jugendlichen Pianisten Dan und Raphael Adni aus Haifa. Die beiden Brüder wollten damals „jenseits von Politik, Haß und Krieg kulturelle und menschliche Verbindungen zwischen der deutschen und der israelischen Jugend herstellen".

Erster Besuch in Israel.

Als Zeichen des Dankes lud der Jüdische Nationalfond die Geschwister Lutz nach Israel ein, um ihnen zu zeigen, wie ihre Gelder verwendet werden.
Es ist bezeichnend, daß die Geschwister Lutz zwar dankend die Einladung annahmen - es war übrigens ihr erster Flug -, aber darauf bestanden, die Reisekosten selber zu bezahlen.

Mina und Maria Lutz

Im Heiligen Land

Von dieser Reise an reifte in ihnen der Entschluß, ihr Eigentum in Plochingen zu verkaufen, es dem „Keren Kayemeth" zu überschreiben und den Lebensabend ihres arbeitsreichen Lebens in Israel und der Stadt Jerusalem zu verbringen.
Schneller als erwartet wurde dieser Plan dann in die Tat umgesetzt. Im Jahr 1975 erwarben Maria und Mina eine Eigentumswohnung in der Schalom-Alejchem-Straße 4 - 6 im Zentrum Jerusalems, in der sie zusammen mit ihrem bisherigen Knecht Josef Ott bis zu ihrem Tode wohnten, glücklich, die Luft der Ewigen Stadt einatmen zu können. Ihr gemeinsamer Lebenswunsch ging in Erfüllung.

„Kommt zu uns her"

In Jerusalem fanden die drei Plochinger rasch Kontakte und neue Freunde. Bald wurde auch hier ihre Wohnung zu einem gesellschaftlichen Mittelpunkt für Bekannte aus der alten Plochinger Heimat, aber auch für nicht wenige ihrer zahlreichen neuen jüdischen Freunde, unter denen sich oft auch Hilfesuchende befanden, die nie enttäuscht worden sind.

Die Gräber der Geschwister Lutz auf einem Friedhof Jerusalems

Besuch aus Plochingen an den Gräbern. Von links: Gertrud Frasch, Josef Ott, Gertrud Falk

Von den zahlreichen Besuchern in der Lutz-Wohnung sind insbesondere der legendäre Bürgermeister Jerusalems Teddy Kollek und dessen Frau zu nennen. Teddy vergaß nie, die Geschwister Lutz mit Ehrenkarten zum Unabhängigkeitstag zu versehen und kümmerte sich persönlich um ihr Wohlergehen.

Weiteres Spendenwerk

Auch in Israel fuhren die Geschwister Lutz in ihrem regen Spendenwerk für den „Keren Kayemeth" fort. Unter anderem wurde auf ihren Namen ein Wald im Ezion-Block angelegt. Ebenso spendeten sie einen Hain zum Andenken an den langjährigen Vorsitzenden dieser Organisation in Deutschland, Dr. L. Farnborough.

Ehrenplatz

Mina starb 1986 und Maria 1988. Der gesamte Nachlaß wurde dem „Keren Kayemeth" vermacht.
In der Geschichte der zwischenmenschlichen Beziehungen und des Neubeginns zwischen Deutschen und Juden nehmen Maria und Mina Lutz einen Ehrenplatz ein.

Keren Kayemeth Leisrael — Jüdischer Nationalfond

Wir sprechen unser Beileid zum Tod von

Frau MARIA LUTZ

aus. Sie war ein treues Mitglied und eine gute Freundin des Jüdischen Nationalfond.

21.07.1988 **JERUSALEM — PLOCHINGEN**

Marias Todesanzeige in den „Israel Nachrichten"

Bürgerschaftliches Engagement

Edith Dürr, Elise Fischer,
Ottilie Focke, Gudrun Kull.

„Die Qualität unserer Demokratie hängt entscheidend von der Vielzahl und der Vielfalt freiwilliger Tätigkeiten ab. Ein Gemeinwesen ist nicht denkbar, wenn sich nicht Millionen von Menschen in Vereinen, Verbänden und Institutionen für eine am Gemeinwohl orientierte Aufgabe engagieren".

Dies betonte die baden-württembergische Kultusministerin Annette Schavan in einer Mitteilung ihres Hauses.

Im „Bürgerschaftlichen Engagement", dem neuen Begriff für unentgeltliche Arbeit zum Nutzen des Gemeinwohls ist das traditionelle Ehrenamt in den Vereinen, in Parteien und kommunalpolitischen Vereinigungen ebenso eingeschlossen wie alle weiteren Formen freiwilliger Tätigkeit in Selbsthilfegruppen, in Kultureinrichtungen, in der Jugend- und Altenhilfe, im Pflege- und Gesundheitsbereich oder beim Natur- und Landschaftsschutz. Viele weitere Felder können diesem bürgerschaftlichen Handlungsraum noch zugeordnet werden.

Die Stadt Plochingen ehrt und würdigt Verdienste im ehrenamtlichen Bereich nach einer vom Gemeinderat beschlossenen Ehrenordnung durch

1. Verleihung der Verdienstmedaille der Stadt Plochingen,
2. Verleihung der Ehrenmedaille der Stadt Plochingen und
3. durch Verleihung des Ehrenbürgerrechts.

Die Verdienstmedaille der Stadt wird verliehen an Personen, die sich durch außergewöhnliches Engagement im Vereinsleben, im kommunalen, kulturellen, sozialen oder wirtschaftlichen Bereich oder durch außergewöhnliche Einzelleistungen besondere Verdienste erworben haben. Über die Verleihung entscheidet der Gemeinderat mit 2/3-Mehrheit.

Die in den vergangenen Jahren mit der Verdienstmedaille der Stadt Plochingen ausgezeichneten Plochingerinnen sollen nun auf den folgenden Seiten vorgestellt werden. Diese vier Ausgezeichneten stehen dabei für die vielen anderen Frauen in unserer Stadt, die im Stillen mit viel Engagement ihrer ehrenamtlichen Aufgabe teilweise schon seit vielen Jahren erfolgreich nachgehen.

Verdienstmedaille der Stadt Plochingen

Edith Dürr, unermüdlich für die Gemeinschaft

Edith Dürr (1917 - 1995)

1917 wurde Edith Dürr in Biberach/Riß geboren. Ihre enge Verbindung zu ihrer geliebten oberschwäbischen Heimat hat sie nie verloren. Im Oberschwäbischen war die junge Edith Dürr zunächst in einem Heim für 14 bis 15jährige Mädchen tätig. Dort ist wohl bei ihr der Grundstock für das spätere Engagement im sozialen Bereich gelegt worden.

Durch die Heirat im Jahr 1940 mit dem Plochinger und späteren Rektor und Stadtrat Friedrich Dürr kam die junge Frau ins Neckartal und wurde eine „echte Plochingerin". Es war Freude und Erfüllung für sie, daß sie für vier Kinder eine gute Mutter sein durfte.

Nach dem frühen Tod ihres Mannes im Jahr 1963 resignierte sie nicht. Sie nahm sich vor, „über den eigenen Gartenzaun hinwegzublicken" und fand neben den noch verantwortungsvoller gewordenen Familienpflichten die Zeit zu einem vielfältigen Engagement für die Gemeinschaft, im kirchlichen Bereich, in der Kommunalpolitik und im Vereinsleben Plochingens.

Edith Dürr trat in den evangelischen Kirchenchor ein, sang im Oratorienverein mit und wurde 1965 Kirchengemeinderätin. Sie leitete in Zusammenarbeit mit der Volkshochschule Kochkurse für junge Frauen und war im Vorstand der Familienbildungsstätte tätig. In der evangelischen Kirchengemeinde leitete sie auch längere Zeit den Frauenkreis. Ganz besonders am Herzen lag ihr als Kirchengemeinderätin, wie später auch als Mitglied des Gemeinderats, eine gute personelle Besetzung und eine ausreichende sachliche Ausstattung der Plochinger Kindergärten.

Von 1968 bis 1989 gehörte Edith Dürr für die SPD-Fraktion dem Gemeinderat an. Sie war Mitglied des Verwaltungsausschusses und des Technischen Ausschusses, des Sozialausschusses und der Verbandsversammlung der Blau-Lauter-Wasserversorgung. Über die Parteigrenzen hinweg genoß Frau Dürr große Wertschätzung. Ihr Denken und Handeln war stets von objektiver und sozialer Verantwortung zum Wohl der Bürgerschaft geprägt. Eine starke Willenskraft beim Anpacken von Problemen zeichnete sie aus. Den Kindern und Senioren galt stets ihr besonderes Augenmerk. Sie hatte wesentlichen Anteil an der Errichtung des Seniorentreffs und an der jährlichen Durchführung der Altennachmittage.

Der „Besuchskreis" im Johanniterstift eine segensreiche und wichtige Einrichtung

Nach der Einweihung des Alters-und Pflegeheims „Johanniterstift" rief Edith Dürr die so segensreiche Einrichtung des „Besuchskreises" ins Leben, in dem sich viele Frauen seither zum Wohle der Heimbewohner engagieren und vielfältige aufmunternde Lebenshilfe leisten.

Ihre große Lebenserfahrung brachte Frau Dürr als langjährige Schöffin beim Landgericht Stuttgart ein. Bei den jährlichen Blumenschmuckwettbewerben war sie als sachkundige Preisrichterin dabei und gab den interessierten Gartenfreunden viele Anregungen für das Gartenjahr.

Es ist außerordentlich erstaunlich, in welch vielen Bereichen sich Edith Dürr ehrenamtlich betätigt hat. In Würdigung ihrer Verdienste wurde Frau Dürr 1990 die Verdienstmedaille der Stadt Plochingen verliehen.

1995 ist Edith Dürr im Alter von 77 Jahren nach einem erfüllten Leben gestorben.

Edith Dürr 1990
im Johanniterstift
beim Verein „Altenhilfe"

Elise Fischer, die Fußballmutter

Elise Fischer, geborene Rube, wurde 1912 in Stuttgart geboren. In Urbach heiratete sie 1937 Richard Fischer und zog gleich mit ihm nach Plochingen. Zwei Söhne wurden dem Ehepaar geschenkt. Die Tannen-, die Kronen- und die Wilhelmstraße waren die Stationen der Fischer-Familie.

Im Fußballverein 1911 wurde sie der gute Geist der Fußballabteilung. Viele Fußballer- Generationen hat Lisel Fischer begleitet und betreut. Jahrzehntelang ist sie - mit ganz wenigen Ausnahmen- bei jedem Heim- oder Auswärtsspiel dabeigewesen. Wenn der Schiedsrichter dann zur Pause gepfiffen hat, kam der große Auftritt der Fußballmutter. Sie versorgte ihre „Buben" nicht nur mit Zitronenschnitzen und Getränken - in der kalten Jahreszeit mit dem speziellen „Lisel-Fischer-Tee"-, sondern brachte stets lobende oder aufmunternde Worte in die verschwitzt dastehende Runde ein. Ihre direkte Art der Meinungsäußerung hat so mancher „ihrer" Mannschaften recht gut geholfen. Bei so viel Begeisterung und Liebe für den Fußballsport und bei diesem engen, vertrauensvollen Verhältnis zu den Spielern war es natürlich ganz selbstverständlich, daß Lisel Fischer zu den engagiertesten Zuschauern überall dort gehörte, wo eine FVP-Mannschaft im Spiel gewesen ist.

Mehr als vierzig Jahre hat Lisel Fischer Woche für Woche für blitzsaubere Spielertrikots der Gelbschwarzen gesorgt. Was für einen ausdauernden Idealismus für den Sport und für den Verein zeigte hierbei diese Frau. Sie sprach nicht nur davon, was dringend und unbedingt getan werden müßte. Sie packte überall gleich selber zu und wurde so innerhalb der großen Vereinsfamilie, ja für das ganze Vereinsleben in Plochingen, zum großen Vorbild. Frau Fischer wurde in Plochingen zu einem Markenzeichen für Einsatz- und Hilfsbereitschaft und für selbstloses, engagiertes, ehrenamtliches Handeln.

Nachdem Frau Fischer lange Zeit das städtische Wannenbad betreut hatte, wurde sie ab 1959 bis zum Eintritt in den Ruhestand als Badefrau im Hallenbad eine stets auf Ordnung bedachte tragende Säule dieser Einrichtung und eine Anlaufstelle für alle Rat- oder Hilfesuchenden.

Im Dezember 1988 hat die Stadt Plochingen der vorbildlichen Bürgerin Elise Fischer die Verdienstmedaille verliehen. Elise Fischer starb 1994 im 82. Lebensjahr.

Elise Fischer in „ihrem" Hallenbad

Lisel Fischer hatte weit über 40 Jahre hinweg die „Schwarzgelben" vom FV 1911 Woche für Woche an ihrer Leine

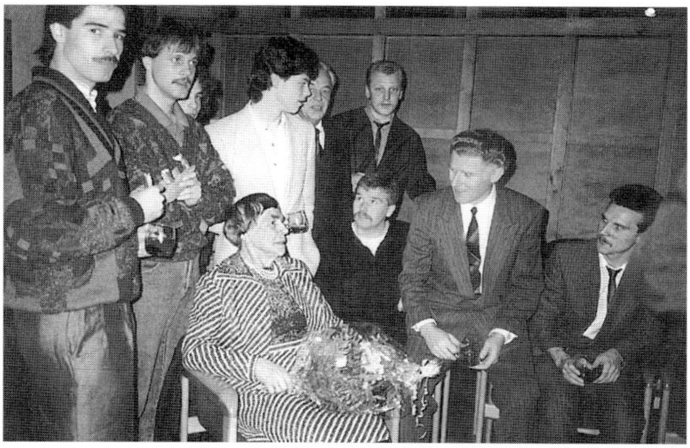

Liesel Fischer mit Bürgermeister Beck und ihren „Fußballbuben" anläßlich der Verleihung der Verdienstmedaille im Jahr 1988

Gudrun Kull
nimmt die Aussiedler an die Hand

1983 zog das Pfarrersehepaar Gudrun und Alfred Kull nach Plochingen. Pfarrer Kull von der Esslinger evangelischen Kirchengemeinde St. Bernhardt war in den Ruhestand getreten. Alfred Kull, der Diplomphysiker mit dem Schwerpunkt Atomphysik, faßte im Zweiten Weltkrieg während der schweren Kämpfe in den Wolchowsümpfen bei Sankt Petersburg den Entschluß, Theologie zu studieren, sofern er das furchtbare Grauen des Krieges überlebe.

Nur wenige Jahre des Ruhestands waren Pfarrer Kull in der schönen Wohnung in den Lettenäckern mit der prächtigen Aussicht auf die Schwäbische Alb vergönnt. Er starb 1988.

Dies war auch der Zeitpunkt, als die erste Aussiedlerwelle aus der ehemaligen Sowjetunion Ende der achtziger Jahre nach Deutschland kam und im ehemaligen Hotel „Blaues Haus“ ein Übergangswohnheim eingerichtet worden ist.

Der Esslinger Dekan Scheffbuch, der die Notwendigkeit einer guten Betreuung und Hilfe für die Angekommenen erkannt hatte, bat Gudrun Kull (Jahrgang 1925), sich in einem Arbeitskreis für Aussiedler zu engagieren. Bei der Pfarrerswitwe bedurfte es keine große Überredungskunst durch den befreundeten Dekan. Auch sie spürte die Dringlichkeit dieser Maßnahme. und wußte, daß der Gebrauch der Kräfte, die man hat, denen schuldig ist, die sie nicht haben.

Seither ist Frau Kull die engagierte Vorsitzende des ökumenischen Arbeitskreises zur Betreuung der Aussiedler., der eine Brücke bauen will zwischen den neuen Bürgern, den Kirchengemeinden und der Stadt.

Inzwischen hat der Arbeitskreis dreißig treue ständige Helferinnen und Helfer. Im Evangelischen Gemeindehaus und im Gemeindezentrum Sankt Konrad werden regelmäßig Teenachmittage zum gegenseitigen Kennenlernen und zum Besprechen wichtiger Fragen organisiert. Bei Ausflügen in die nähere Umgebung sollen die Aussiedler Land und Leute kennenlernen.

Ganz wichtig ist es für Gudrun Kull, die vom Arbeitskreis Betreuten über „die persönliche Schiene“ in die ihnen noch fremde Gesellschaft zu integrieren. Die Arbeitskreisvorsitzende macht deshalb auch viele Hausbesuche bei den Neubürgern, berät sie in Problemfragen und ist ihnen eine wichtige Vertrauensperson. Gerne vermitteln die Mitarbeiterinnen und Mitarbeiter auch Patenschaften mit Plochinger Familien.

Eine ganz wichtige Hilfe ist, den der deutschen Sprache oft nicht so kundigen Aussiedlern bei allen Behördengängen und beim eventuell notwendigen Ausfüllen von Formularen beizustehen. Auch ein Sprachkurs soll helfen, viele Schwierigkeiten beim Eingewöhnen abzubauen.

Ein Schwerpunkt der Arbeit des Arbeitskreises war und ist der Aufbau und die Betreuung der Kleiderkammer. Zweimal mußte die Einrichtung umziehen. Die erste Notlösung in der Burgstraße ist abgebrannt; das Ausweichquartier in der Ulmer Straße war dann mehr als primitiv und konnte dem Helferkreis kaum zugemutet werden. Nun aber bekam diese von den Aussiedlern so beliebte und dankbar angenommene Hilfsstelle eine gute Arbeitsmöglichkeit im Evangelischen Gemeindehaus. In der Kleiderkammer wird die gesammelte gebrauchte Kleidung sortiert und wieder in Ordnung gebracht; es wird genäht und gebügelt. Zu den Öffnungszeiten der Kleiderkammer stehen die Leute oft Schlange. Teilweise warten die Kleidersuchenden schon fünf Stunden vor Ausgabebeginn, um ja ein gutes Stück ergattern zu können.

Frau Kull und ihre dreißig Helferinnen und Helfer tun ihre Arbeit weitgehend im Verborgenen. Sie wissen aber, daß wenn man seinem Nächsten einen steilen Berg hinaufhilft, man selbst dem Gipfel näher kommt.

Gudrun Kull hat 1997 die Verdienstmedaille der Stadt Plochingen verliehen bekommen.

Gudrun Kull im Kreise ihrer Spätaussiedler, wie immer bescheiden im Hintergrund.

Verleihung der Verdienstmedaille durch Bürgermeister Eugen Beck

Ottilie Focke

will Freude bringen

„Hab Sonne im Herzen, ob's stürmt oder schneit". Diese Worte Cäsar Flaischlens hat Ottilie Focke schon zeitlebens auf ihr Panier geschrieben. Und dieser Lebensgrundsatz hat ihr sicher auch die Erfüllung der nächsten beiden Zeilen des Dichters gebracht: „Und die Freude, die wir geben, kehrt ins eig'ne Herz zurück.

Frau Focke ist eine „echte" Plochingerin. 1918 wurde sie im Haus der „Sonnenuhr-Maiere", dem ehemaligen Wohnhaus des Baders aus dem Jahr 1490, Am Markt 4, als Tochter des Eisenbahnerehepaars Regine und Gottlieb Hinderer geboren. Ihren Vornamen erhielt das Eisenbahnermädchen von der dem Geburtshaus gegenüberliegenden Ottilienkapelle. Und weil das „Käppele" bis 1927 das Plochinger „Kinderschüle" gewesen ist, mußte die kleine Ottilie, um zu ihrer Kinderschwester Marie zu kommen, nur über die damals noch kaum befahrene Marktstraße gehen.

Später sind die Hinderers dann in das Eisenbahnerhaus am Burgplatz gezogen, das teilweise an der Stelle steht, wo zwischen 1110 und dem beginnenden 15. Jahrhundert die Reichsministerialen von Plochingen ihre Burg hatten. Ottilie Focke hat also so ein richtiges Plochinger „Bodengfärtle".

Nach ihrer Schulzeit arbeitete die Ottilie Hinderer beim Fernsprechamt und beim Gesundheitsamt in Stuttgart. Die Hochzeit mit Fritz Focke feierte sie 1941 in Wien und bekam bis 1944 einen Arbeitsplatz in der Stadtverwaltung von Sieldce. Gegen Ende des Krieges zog das Ehepaar Focke wieder in Ottilies Heimatort , wo ihnen 1944 und 1947 zwei Kinder geschenkt worden sind.

Im Jahr 1949 gründete Fritz Focke sein Schreibwarengeschäft in der Esslinger Straße 33, dem ein Jahr später noch ein Reisebüro angegliedert worden ist.

Der Name Ottilie Focke ist seit den fünfziger Jahren ganz eng mit der Theatergemeinschaft Plochingen verbunden, die 1995 ihr vierzigjähriges Jubiläum feiern konnte. Von Anfang an war die rühri-

Auch Otti Focke war 1922-1925 bei Schwester Marie im „Kinderschüle" in der Ottilienkapelle..

ge Frau Focke bei dieser Kultureinrichtung dabei und widmete sich mit großem Elan und Zeitaufwand zusammen mit ihrem Mann den organisatorischen Fragen dieser Gemeinschaft. Als Fritz Focke bereits 1959 verstorben ist, blieb dieses ehrenamtliche Engagement allein auf den Schultern der jungen Witwe. Das Studieren der Theaterpläne, die Omnibusbestellung und der Kartenverkauf - alles lag von da ab in Frau Fockes Hand. Ihr Verdienst ist es auch, daß durch sie unter den Mitgliedern eine echte Gemeinschaft geworden ist. Von der „Theatermutter" angebotene „Betriebsausflüge" nach Welzheim und Staufeneck haben dieses Zusammenwachsen noch gefördert.

In Esslingen, Stuttgart, Böblingen und München wurden Theater-, Operetten-, Opern-, Ballett- und Musicalvorstellungen besucht. Die Freilichtbühnen in Grötzingen, Heidenheim, Jagsthausen, Ötigheim und Bregenz waren ebenfalls das Ziel der Plochinger Theaterfreunde.

Den im Februar 1981 gegründeten Seniorentreff am Markt hat Ottilie Focke mit

Ottilie Focke im Altentreff voll in Aktion, rechts neben ihr sitzt Elise Fischer, die auch die Verdienstmedaille der Stadt Plochingen verliehen bekommen hat.

aufgebaut. Sie ist dort bei der Gestaltung der Nachmittage eine ganz wichtige Persönlichkeit. Jeden Mittwoch und Freitag nachmittag ist die „Kulturreferentin" des Treffs, die „Kultur-Otti", im ehrenamtlichen Helferkreis dabei. Ihre Lesungen und der Vortrag ihrer selbstverfaßten Gedichte und Sketche bringen stets viel Freude für das dankbare Publikum.

Ottilie Focke hat sich um ihre Heimatstadt verdient gemacht.
Im Februar 1995 wurde ihr in einer Feierstunde die Verdienstmedaille der Stadt Plochingen verliehen.

Ottilie Focke 1984 wird beim 30jährigen Jubiläum der Theatergemeinschaft von Bürgermeister Beck für ihre Arbeit geehrt.

Unternehmerinnen und Geschäftsfrauen mit großem Bürgersinn

Hilde Löffler und Margarete Kaatsch, zwei Beispiele für Frauen, die als Selbständige ihren Betrieb bzw. ihr Geschäft erfolgreich führten, sich daneben ihrer Verantwortung dem Gemeinwesen gegenüber voll bewußt waren und dies mit viel und ständigem Engagement auch tatkräftig gezeigt haben.

Hilde Löffler

Hilde Löffler
- ihr Leben ist Musik -

Konzertsängerin

1908 in die Musikerfamilie Löffler hineingeboren, zeigt es sich bald, daß die junge Hilde sich auf dem Podium beim Theaterspielen und beim Vortrag von schwäbischen Gedichten - u. a. auch die „Schwäbischen Wässerle" ihres Vaters Otto Löffler - sehr wohlfühlte. Ihre anerzogene jugendliche Natürlichkeit verhalf ihr schon damals zu großen Erfolgen, vornehmlich bei Vereinsfesten. Und dann entdeckte Vater Otto Löffler die schöne Altstimme seiner Tochter. Bei der Gesangspädagogin Johanna Fleiner wurde die gründliche Ausbildung zum Konzertgesang erfolgreich absolviert. Schon 1929 gab Hilde Löffler ihr erstes Konzert. Von da ab ging es von Aufführung zu Aufführung. Schwerpunkte bei ihr waren Brahms, Schubert und die vom Vater für Altstimme geschriebenen Lieder, die inspiriert waren durch die sympathische Klangfarbe der Gesangsstimme seiner Tochter. Die vielen alten Ordner mit Programmen und Besprechungen legen Zeugnis ab von dieser Zeit, als die Musikbühne Hilde Löfflers Welt war.

Otto Löfflers Helferin

1938 zog die Löffler-Familie von Stuttgart nach Plochingen, also dorthin, wo 1827 das erste Schwäbische und erste Deutsche Liederfest stattgefunden hat. Nach dem Tod der Mutter lebte Hilde mit dem Vater, dem Komponisten und Chordirektor, allein. Eine noch intensivere Verbundenheit mit dessen Schaffen stellte sich ein. Vielfach begleitete sie den Vater zu Sängerfesten, zum Preissingen mit seinen Gesangvereinen oder zu seiner gesuchten Preisrichterarbeit. Hierbei begann die Tochter wichtige Erfahrungen zu sammeln für ihre zukünftige Arbeit als Musikverlegerin.

Verlegerin

Nach Otto Löfflers Tod im Jahr 1949 übernahm Tochter Hilde den vom Vater geführten Eigenverlag und strukturierte ihn 1953 zum „Chorverlag Hilde Löffler", einem Sortimentsverlag für Chormusik, um. Ihre reiche Erfahrung und ihre großen fachlichen Kenntnisse, ihre engen freundschaftlichen Beziehungen zu Chorleitern, zu vielen Komponisten und Textern und ihre nahezu fünfzigjährige Beratertätigkeit für die Chöre des Schwäbischen Sängerbunds, schafften die wichtige Vertrauensbasis für ihr so erfolgreiches berufliches Wirken.

Auch bei Chorleiter-Lehrgängen des Professors Hugo Hermann war Hilde Löffler mehrmals die gesuchte Ratgeberin. Unzählige Dankschreiben bestätigen, daß die Hilfen Hilde Löfflers vielen Chorleitern den richtigen künstlerischen Weg gewiesen haben. Insbesondere hat sich die Verlegerin bei der Unterstützung junger Chorleiter große Verdienste erworben.
Nicht umsonst hat also der Karl-Pfaff-Gau des Schwäbischen Sängerbunds Frau Hilde Löffler die Ehrenmitgliedschaft verliehen.

1992 hat Hilde Löffler ihre Verlegertätigkeit altershalber aufgegeben und den Verlag an den bisherigen Konkurrenten „Iris" übergeben, zu dem schon jahrelang ein enger freundschaftlicher und künstlerischer Kontakt bestanden hatte.

Hilde Löffler, 1967 unter ihren Chorleitern. Vordere Reihe, zweiter von links: Gauchormeister Prof. Karl Mäder

Volkshochschularbeit

Unmittelbar nach dem Zweiten Weltkrieg hat Hilde Löffler mit großem Engagement dafür gewirkt, daß die kulturelle Arbeit in der Region Plochingen in diesen harten ersten Nachkriegsjahren wiederbelebt worden ist. Die neugegründete Volkshochschule Esslingen war froh, daß Frau Löffler das Bemühen tatkräftig unterstützt hat, möglichst viele Orte des Landkreises von Anfang an in die Bildungs- und Kulturförderung mit einzubeziehen.

Unvergessen sind die zahlreichen „Abendfeiern", in denen Hilde Löffler mit ihrer Altstimme, zusammen mit Otto Götz (Querflöte), Elly Kottek (Klavier), dem Bariton und Gedichtinterpreten Albrecht Neuberger, dem Tenor Hans Frank und meist auch mit den örtlichen Gesangvereinen, die zahlreichen Besucher erfreute. Frau Löffler hat sich hierbei große Verdienste erworben.

Mäzenin

Kunst braucht Mäzene. In ihrer freigebigen Gönnerschaft hilft Hilde Löffler überall dort, wo in der Stadt und deren Einrichtungen Kunst zur Verschönerung und zur Freude der Einwohnerschaft beitragen kann.
So hat z. B. die Kunstliebhaberin 1991 den Otto-Löffler-Brunnen bei der Stadthalle zum 120. Geburtstag ihres Vaters gestiftet. Das Wasserspiel soll die Menschen, genauso wie auch der Otto-Löffler-Weg auf dem Stumpenhof, die Menschen daran erinnern, daß der Komponist Otto Löffler die letzten zwölf Jahre seines Lebens in der Stadt am Neckarknie verbracht hat.

Der Otto-Löffler-Brunnen vor der Plochinger Stadthalle

Eine Ruhebank am Otto-Löffler-Weg geht ebenso auf eine Spende Hilde Löfflers zurück wie ein bildschönes Seidenblumen-Arrangement im Gemeindezentrum Sankt Konrad. Auch das bunte Blumenaquarell im Speisesaal des Johanniterstifts und das Stifterwappen des Ritters Johann von Plochingen in der Ottilienkapelle sind Spenden der Plochingerin mit dem so großen Bürgersinn, die von sich sagt: „Bildendes Kunstschaffen, Plastiken und Gemälde, sind für mich wie Musik. Einfach ein Bedürfnis".

STADT PLOCHINGEN

Stadt-Erhebungsfeier

im Festsaal Hotel Blaues Haus am Samstag, den 5. Juni 1948
pünktlich abends 19.30 Uhr

Ausführende:
Hilde Löffler (Alt) Plochingen
Hans Frank (Tenor) Plochingen
Albrecht Neuberger (Bariton) Plochingen
Fritz Rieger (Deklamation) Plochingen
Richard Fritz }
Karl Mäder } Klavier, Plochingen
Albert Heister }
Sängerbund-Liederkranz Plochingen
Musikverein Plochingen
Handharmonika-Club Plochingen
Turnverein Plochingen

Margarete Kaatsch

- erfolgreich und verantwortungsbewußt -

Die Gründerin

Marga Kaatsch (1919 - 1988)

Wer sich selbständig machen will, muß von seiner Branche etwas verstehen, muß von der richtigen Betriebsführung eine Ahnung haben und muß gut rechnen können. Dazu kommt aber noch etwas ganz Wichtiges: Eine Betriebsgründung erfordert Mut und Risikobereitschaft.

All dies hat Marga Kaatsch mitgebracht, als die Esslingerin 1952 ihren Schrott- und Metallhandel in Esslingen mit einem LKW und drei Mitarbeitern gründete und kurz darauf beim Plochinger Güterschuppen in der Eisenbahnstraße einen damals ausreichend großen Lagerplatz pachten und dort auch eine Büro- und Lagerbaracke erstellen konnte.

Im elterlichen Esslinger Schrottbetrieb Emil Schäfer hatte die Marga Schäfer nach ihrer Schulausbildung zunächst im Büro mitgearbeitet und so einen umfassenden Einblick in diese Branche bekommen. Der mörderische Zweite Weltkrieg hatte auch der jungen Frau schlimmes Leid zugefügt. Ihr erster Mann ist 1945 in russischer Gefangenschaft gestorben.

Marga Kaatsch hat in ihren jungen Plochinger Betrieb noch etwas mitgebracht. Bei aller Bestimmtheit, Beharrlichkeit, Zielgerichtetheit und bei ihrer strengen Arbeitsauffassung war sie stets für ihre Mitarbeiter da, hörte sie an und setzte sich für sie ein, wenn es irgend etwas zu regeln gab. Persönliche und wenn notwendig auch finanzielle Hilfestellungen waren bei ihr selbstverständlich. Da wundert es nicht, wenn man erfährt, wie viele Mitarbeiter jahrzehntelang „ihrer Marga“ die Treue gehalten haben.

Dabei hat sich Marga Kaatsch selbst immer alles abverlangt. Mit ihrem unbändigen Willen, ihren Handelsbetrieb zum erfolgreichen Unternehmen zu machen, hat sie auf sich selbst in den ersten Geschäftsjahrzehnten keinerlei Rücksicht genommen. Nächteweise hat

Im Kreis ihrer Mitarbeiter fühlte sich Marga Kaatsch wohl

*Hier fing 1952 alles an:
Die Firma Kaatsch beim Güterschuppen beim Plochinger Bahnhof. Im Hintergrund ist noch das Hauptgebäude der Firma Gutbrod zu shen, die bis 1953 in Plochingen Autos, Motorräder und Landmaschinen herstellte.*

sie durchgearbeitet, alles noch einmal durchgerechnet. Sonntagsarbeit war bei ihr die Regel, Urlaub kannte sie lange nicht.

Von ihren Mitarbeitern forderte sie ebenfalls stets vollen Einsatz. Wenn in der Verwaltung eine Büroklammer auf dem Boden lag, konnte sie fuchsteufelswild werden; sie entschuldigte sich aber auch immer sofort vor der ganzen Belegschaft, wenn sie einmal ungerechterweise eine Rüge ausgesprochen hatte.

Noch heute erzählt man sich die Geschichte von dem Mädchen, das Marga Kaatsch an einem Dezemberabend vor dem Betrieb in der Eisenbahnstraße angetroffen hat. Frau Kaatsch fragte das Kind, was es so spät hier noch machen wolle. Das Mädchen erklärte, daß ihr in der Kaatsch-Firma beschäftigter Vater hoch und heilig versprochen habe, nach Geschäftsschluß für sie ein Paar schöne Winterschuhe zu kaufen. Aber aus irgendeinem Grund haben sich dann Vater und Tochter verfehlt. Da hat Marga Kaatsch das Kind einfach an die Hand genommen und hat ihm ein paar prächtige Schuhe gekauft. So war sie halt, die Unternehmerin, die strenge, aber im Grunde herzensgute Chefin.

Erfolgreich

Fleiß, Ausdauer und unternehmerische Initiative haben sich bald ausgezahlt. Der Betrieb florierte. Im Jahr 1968, dem Jahr der Einweihung des Plochinger Hafens, übernahm Marga Kaatsch nach dem plötzlichen Tod ihres Bruders Emil auch dessen Esslinger Firma, die damals schon in der vierten Schäfer-Generation betrieben worden war.

Der Platz in der Eisenbahnstraße reichte bei dem gestiegenen Umschlagvolumen bei weitem nicht mehr aus. Marga Kaatsch zog deshalb 1970 mit ihrer Zentrale an den Nordseekai des neueröffneten Neckarhafens um, wo sie auch ausreichend neuen Lagerplatz zur Erfassung, Aufbereitung, Fraktionierung und Verladung des Schrotts bekommen konnte. Marga Kaatsch wußte, daß in der Wirtschaft Stillstand der Tod eines Unternehmens ist und investierte zuversichtlich und risikofreudig in den Ausbau der Firma. So konnten viele neue Arbeitsplätze und weitaus bessere Arbeitsbedingungen wie in der Beengtheit an der Eisenbahnstraße geschaffen werden. Man konnte ihr glauben, wenn sie erzählte, daß sie wegen des großen Kapitalbedarfs für die Umsiedlung so manche Nacht nicht den Schlaf gefunden hat.

Aber Marga Kaatsch hat auch hierbei die Klippen erfolgreich umschifft und mit ihrem Durchsetzungsvermögen, ihrem „ich will und ich muß“ dem Betrieb die notwendige Weiterentwicklung ermöglicht. Die Weichen hatte sie gestellt. Margarete Kaatsch starb 1988 im Alter von 68 Jahren.

Die M. Kaatsch GmbH

Das Unternehmen beschäftigt heute 65 Mitarbeiter. Geschäftsführender Gesellschafter ist heute Hermann Wager.
Im Umkreis von 80 bis 100 Kilometer erfaßt die Firma jährlich rund 220000 Tonnen Schrott und ist heute mit einem wichtigen Anteil an den Schrott-Zulieferungen an die westeuropäischen Stahlwerke beteiligt. 90 Prozent des Umschlagvolumens entfallen auf den Schrottbereich. Der Rest ist der Altholzbereich und der Elektro- und der Elektronikschrott. Die Firma Kaatsch bietet so ihren Kunden eine Komplettversorgung an.
Mehr als 150 Schiffe verlassen neben den Eisenbahntransporten heute im Auftrag der Firma Kaatsch den Neckarhafen und bringen den aufbereiteten Schrott zu den Abnehmern im europäischen Raum. Zwei riesige Schrottscheren sind am Nordseekai in Betrieb. Diese großen Mengen zeigen, wie nötig in einem industriellen Ballungsgebiet eine solche Handelsfirma ist. „Die Schrotte können sich nicht in Luft auflösen“, meint richtigerweise Geschäftsführer Wager.
Die Firma Kaatsch ist sich voll bewußt, wie wichtig gerade bei ihrer Arbeit der optische und akustische Umweltschutz ist und arbeitet daran ständig mit hohem Geldeinsatz weiter. Innerhalb von zehn Jahren sind allein dafür 16 Millionen DM investiert worden.

Der Stadt und ihren Einwohnern verbunden

Marga Kaatsch war sich in ihrer Plochinger Zeit stets der Verantwortung gegenüber der Stadt Plochingen und deren Einwohnern voll bewußt. Es war ihr erklärter Wille, daß ihre Nachfolger es genauso halten.
Ob die Firma M. Kaatsch nun für eine Stumpenhof-Kirchenglocke oder für das Marktplatz-Glockenspiel oder für den Plochinger Altentreff großzügig gespendet und weitere wertvolle Hilfestellungen allenthalben geleistet hat, immer leuchtete aus diesem Verhalten die Einstellung der Plochinger Unternehmerin Margarete Kaatsch heraus, die wußte, wie wichtig für ein Gemeinwesen ein solches bürgerschaftliches Engagement ist.

Der neue 140 Meter lange Kai der Firma Kaatsch

Die Wandlung des Frauenbilds im 20. Jahrhundert

Weingärtner Lorenz Friederich Spieth und seine Ehefrau Katharina geb. Lang (1885)

Schritt für Schritt haben die Frauen im 20. Jahrhundert klug, nachdrücklich und ausdauernd kämpfend überkommene Fesseln abgestreift. In allen gesellschaftlichen Bereichen, in der Familie, im beruflichen Leben, im politischen Bereich, in den Kirchen, bei Sport, Kunst, Kultur oder in der Gestaltung der Freizeit, sind erfreuliche Fortschritte erreicht. Die Frauen sind selbständiger und selbstbewußter geworden.
Der Anfang ist gemacht.

Nach dem Ersten Weltkrieg bekamen bei der Wahl zur Nationalversammlung die Frauen 1919 erstmalig das Wahlrecht. Der Krieg, in dem so viele einberufene Männer durch Frauen „ersetzt" werden mußten, hatte dann wohl auch zu einer veränderten Einstellung zur Berufstätigkeit der Frau gesorgt. In höheren verantwortlichen Stellungen konnte man sich jedoch damals die Frau noch nicht vorstellen. Doch der Wandel des Frauenbilds ging unaufhaltsam weiter. Auch die Rückschritte im „Tausendjährigen Reich" waren hierbei nur ein kurze, aber auch eine umso schrecklichere Epoche.

Plochinger Wengerterin im Sonntagsstaat ca. 1871

Mögen nun die Plochinger Frauenbilder dieses Buches, die für viele andere stehen, für uns alle, für Frauen und Männer, auch Aufforderung und Verpflichtung sein, die Rechte und die Würde der Frauen nicht nur weiter zu fordern, sondern alles dafür zu tun, daß die erkämpften Fortschritte auch in unserer Stadt erhalten, weiter ausgebaut und gefestigt werden, zum Wohle von uns allen.

Volle Gleichberechtigung der Geschlechter auf allen Ebenen ist die wichtige Voraussetzung für ein demokratisches Staatswesen.

Wengerterfamilie 1850

Frauen in der Familie

Plochinger Familie 1918

Familie 1998

Hochzeitszug in der Burgstraße (1913)
An der Haustüre seines alten Wengerterhauses Burgstraße 8 sitzend, beobachtet der einstige „Hochzeitslader“ und „Orgeltreter“ Schneider Christian Dürr den Zug.

1919: voll Freude, weil der Erste Weltkrieg vorbei war

1920: Im Sonntagsstaat am Pferdestall

Freundinnen
im
Dettinger Park

1949: von links: Martha Birkle, geb. Dettinger, – ? –, Lina Lutz, geb. Dettinger, Lina Reiner, Adelheid Lutz mit einer Besucherin aus Esslingen.

1932: Rast an der Brückenrampe. Anna Geiger und Rosa Braster

1998: Auch eine 58-PS-Honda sicher im Griff: Evelyn Neuscheler

Auf zwei und auf
vier Rädern
flott in die Zukunft

1934: Im grünen Opel „Laubfrosch“ Lydia Maier (Kino Maier)

Um 1870: In der Hadern-Sortieranstalt in der Widdumstraße

Frauenarbeit

*1930:
Geschätzte Arbeitskräfte: Die Plochinger Frauen in der „Plochina Früchte AG“. Die Firma versandte ihre konservierten Zwetschgen, Kirschen, Trauben, Aprikosen, Feigen usw. in alle Welt. Zuerst in der Urbanstraße 34 (heute Jautz), dann ab 1924 in der Fabrikstraße 42 (später Gutbrod, Bauknecht und Bosch).*

1948: Spinnsaal der Firma Heinrich Otto

1989: Modernste Elektronik bei Bosch

1913: Erster Plochinger Feinkostladen Bahnhofstraße1.

Sind die beiden Verkäuferinnen nicht besonders adrett? Von links: Marie Herfurth, Arthur Herfurth, Sidonie Herfurth (die spätere Frau Spitzbarth von der „Krone"). Später war Sofie Sartor mit ihren Kübler-Strickwaren und dann die Drogerie Erhard in diesen Räumen.

Ottilie Mayer, die letzte Geschäftsführerin der traditionsreichen Gemischtwarenhandlung Theodor Mayer in der Marktstraße 30 (1948)

Geschäftsfrauen

Apothekerin Gertrud Laccorn geb. Wagner (1895 - 1989), eine tapfere, tüchtige und allseits beliebte Persönlichkeit. Die Esslingerin heiratete 1922 Louis Martin Laccorn. Nachdem ihr Mann bereits 1930 gestorben war, absolvierte sie, um die Apotheke für ihre Nachkommen zu erhalten, ein Pharmaziestudium und führte nach dem Examen die Apotheke in der Marktstraße selbständig und erfolgreich weiter.

1947: Frida Bauerle mit dem Milchwägele in der Johanniterstraße

1933:
Die Bäckersfrauen Anna (rechts) und Emma (links) Schefenacker führen Brot aus.

Frauenarbeit

1998:
Die Politesse Christa Reichle hat's nicht immer leicht mit den Parksündern.

Anna Weller, ein liebenswertes Plochinger Original. Als jahrzehntelanges Faktotum und stets fröhliche und schlagfertige Bedienung gehörte „die Anna" genauso zur Brauereigaststätte „Waldhorn" wie das süffige Waldhornbier. Beim Jubiläum „125 Jahre erste deutsche Feuerwehrversammlung" im Jahr 1978 hat Bundespräsident Walter Scheel die Plochingerin sofort ins Herz geschlossen.

Bei Wind und Wetter auf ihrem Traktor:
Die Vorsitzende der „Plochinger Landfrauen" Christa Schmid.

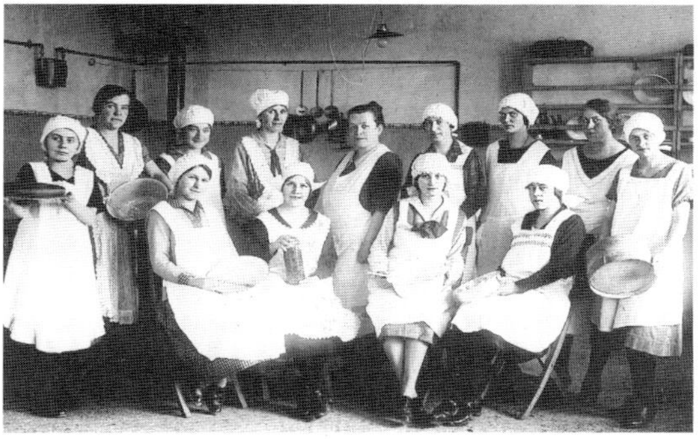

*1920:
Der erste Kochkurs in der neuen Burgschule.*

Schule
Kurse
Weiterbildung

1905: Viele Plochingerinnen besuchten die Haushaltungsschule in Esslingen

*1965:
Johanna Keibl, die erste Konrektorin an einer Plochinger Schule. (Aufnahme 1970)*

1994: Malende Hausfrauen der „Kulturinitiative Mahlwerk“ im Dettinger Park.

Kinderschwester Berta Eitel mit ihrer Jugendfreundin Emily Widmann-Kaplinger, die 1923 in die USA ausgewandert und 1948 auf Heimatbesuch war.

Schwester Christine Schwester Ursula

Die Krankenschwestern haben für die ganze Bevölkerung immer viel Gutes getan.

Schwestern
für Jung und Alt
immer bereit

Fast 30 Jahre lang Stationsschwester der chirurgischen Abteilung im Krankenhaus Plochingen: Schwester Jutta

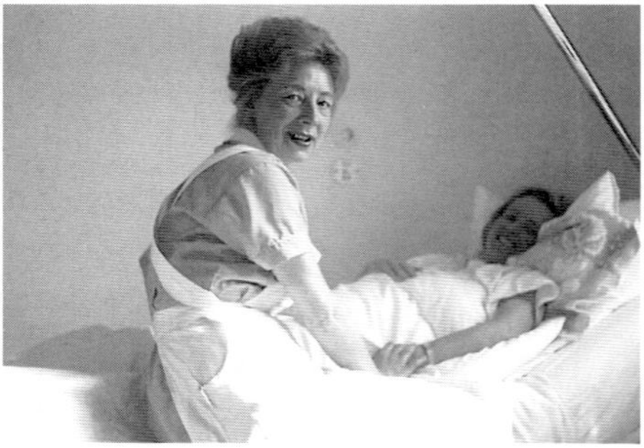

Die Schwestern Veronika und Marlies im Katholischen Kindergarten der 60er-Jahre

1972: Ein knallroter VW für die Sozialstation und Schwester Leni Haverbeck gestiftet von den beiden Krankenpflege-Vereinen. Da freut sich auch Bürgermeister Beck.

Kirchliche Frauengruppen

sind für mannigfache Aufgaben in ihren Kirchengemeinden stets bereit und pflegen auch die fröhliche Geselligkeit.

Katholischer Frauenbund (1969). Auch bei einer Wallfahrt kann es lustig sein. Links: Die langjährige Vorsitzende Anna Schorndorfer

Frauengruppe der Paul-Gerhardt-Gemeinde bei einem Ausflug nach Faurndau

Evang. Frauenkreis (1989)

Julie Herb (verh. Jatta)
1933 Siegerin beim
Deutschen Turnfest
in Stuttgart.

Margarete Blümlein, eine weltmeisterlich treffsichere Frau, ausgezeichnet mit dem „Silbernen Lorbeerblatt". (1993)

Meisterliche
Leistungen

*Erfolgreiche Wirbelwinde:
Die Plochinger „Rocking Stars"*

*Maria Häußler-Glück,
Tennis-Clubmeisterin
von 1933 - 1940 und 1958!*

1923: Plochinger Turnerinnen beim Deutschen Turnfest in München. Von links: A. Stimm, L. Grözinger, A. Weil, S. Witzig, E. Häbich, M. Nagel-Deeg, L. Häußler, M. Binder, H. Reiff, E. Rieger

Plochingerinnen – immer sportlich

Klettern, auch in der Eiswand: Ingeborg Gau

1987: „Die Hot Legs“, eine beliebte Plochinger Tanz- und Gymnastikgruppe

Die Gymnastikabteilung der Frauen des Turnvereins (1987)

Immer mehr gewinnt der Breitensport der Frauen an Bedeutung – nicht nur wegen der „schlanken Linie“.

Gesund
frisch und
fröhlich

Hausfrauen-Turnier der Tennisgesellschaft (1986)

Anna Gaiser und Gertrud Kirsammer. Auch mit 80 Jahren noch rüstige Sportlerinnen. (Aufnahme 1987)

1954: eine Frau beim Albvereins-Kandelmarsch vorneweg

Singe wie ein Vöglein singt... *(Goethe)*

Nicht nur bei Wahlen sind Frauenstimmen gesucht: Singen und Musik schenkt Kraft und Freude

Frauen im Folklorechor Plochingen (1990)

Auch den Frauen beim Musikverein geht nie die Puste aus. (1998)

Ein fröhliches Schwätzle im Johanniterstift

Lebensfreude auch im Alter und bei Krankheit

Frauenselbsthilfe nach Krebs: Immer füreinander da.

Ruth Lorch mit Mitarbeiterinnen ihres Senionrentreffs

Zum gemütlichen Beisammensein wie geschaffen: Die Arbeiterwohlfahrt lädt ins Gablenberghaus ein.

1998: 14 Polizistinnen beim Polizeirevier Plochingen.

Frauen erobern Männerpositionen

Freiwillige Feuerwehr Eßlingen.

Am Samstag den 23., Sonntag den 24., Montag den 25. August
begeht die hiesige Feuerwehr die
Feier ihres 50jährigen Bestehens
mit nachfolgendem Festprogramm:
Samstag 23. August abends 8 Uhr: Festbankett im Kugel'schen Festsaale: Ansprachen, Musik- und Gesangsvorträge. Des beschränkten Raumes wegen haben Frauen keinen Zutritt.

1902: Auch in Plochingens Oberamtsstadt hatten Frauen zum Festbankett der Feuerwehr keinen Zutritt.

1998: Erstmals eine Frau bei der Plochinger Feuerwehr.

Maria Magdalena Dietrich (1962 - 1965)

Edith Dürr (1968 - 1989)

Maria-Luise Hammerle (1980 - 1984 und 1989 - 1994)

Ruth Müller (1975 - 1984)

Wichtig für eine gute Kommunalpolitik: Frauen im Gemeinderat

Maria Magdalena Dietrich war die erste Stadträtin in Plochingen, dann kam Edith Dürr mit hohen Stimmenzahlen für 21 Jahre ins Gemeindeparlament. Später gewannen Marie-Luise Hammerle und Ruth Müller einen Stadtratsitz.

1998 gehören zur Ratsrunde: Brigitte Friederich, Leni Haverbeck, Barbara Blankenhorn, Margarete Bihl, und Gerlinde Ziegler.

Pannenkurs für Frauen

Keine Emanzen,
aber
emanzipierte Frauen

Der überaus aktive Verein „Kontakt Von Frau zu Frau“ gibt seinen Mitgliederinnen vielfältige Einblicke in alle Lebensbereiche.
Die Veranstaltungen des Vereins für die breite Öffentlichkeit haben hohe Qualität.

1846: Hatte Schultheiß Fink doch recht, als er die Frauen mit den Worten vom Rathaus verbannte: (siehe Seite 18) „Es kommt häufig vor, daß bei schultheißenamtlichen Vorladungen die Weiber geschickt werden. Da dies Benehmen den Geschäftsgang stört, wird verfügt, daß dies mit einer Ungehorsamsstrafe von 1 Gulden gerügt werden muß“.

1998: Bürgermeister Eugen Beck verliert am „Schmutzigen Donnerstag“ seine schmucke Krawatte, nicht aber seine Fassung.

Quellen

Staatl. Vermessungsamt
Plochingen
Primärkataster Plochingen 1845/50
Urnummernkarte Plochingen 1823
Ortsplan Plochingen zum Kataster 1845/50

Stadtarchiv Plochingen
Steuer- und Güterbücher ab 1618
Lagerbücher ab 1564
Gültbücher ab 1591
Kaufbücher ab 1615
Gerichtsprotokolle ab 1656
Verkündbuch des Schultheißen Fink 1845/50
Berichte Plochinger Vertriebenen 1945/46

Stadtarchiv Esslingen
Lagerbücher des Hospitals Esslingen 1350 bis 1714
Plochinger Urbar 1449, 1460, 1486, 1490, 1510
Einkommen in Plochingen 1486
Fehlende Einkommen Plochingen 1510

Hauptstaatsarchiv Stuttgart
Weltliche Lagerbücher Nellingen 1402 - 1498
Geistliche Lagerbücher Nellingen 1428 - 1559
Württ. Urkundenbuch 1157 - 1331

Literatur

Adolf Schlitter, Lichtenstern einst und jetzt, Quellverlag Stuttgart 1936

Evangelische Stiftung Lichtenstern, Jahresgruß 1996

Dr. Christa-Maria Mack, Die Geschichte des Klosters Lichtenstern von der Gründung bis zur Reformation. Dissertation, Verlag Alfred Kümmerle, Göppingen 1975

Neues Testament des Herzogtums Württemberg von 1703, mit den Auslegungen des Hofpredigers D Reinhard Hedinger

Sonn-, Fest- und Feyertägliche Evangelien und Episteln, Württ. Consistorial-Rath 1702

Württ. Gesangbuch von 1791

Kirchenamt der EKD Hannover, Frauenordination und Bischofsamt, 1992

Elisabeth Schüssler-Fiorenza, Die Rolle der Frau in der vorchristlichen Bewegung, in „Concilium“, 12. Jg., Heft 1, 1976

Elisabeth Moltmann-Wendel, Das Land wo Milch und Honig fließt, Gütersloher Verlagshaus 1985

Elisabeth Schüssler, Zu ihrem Gedächtnis, Kaiser/Grünewald 1988

Kirchenkanzlei der EKD, Die Frau in Familie, Kirche und Gesellschaft, Gütersloher Verlagshaus 1979

Georges Duby, Frauen im zwölften Jahrhundert, Bd. 1, S. Fischer Verlag 1997

Dagmar Weinberg, Schweigen zwischen Herd und Himmel, Bemerkungen zur Ausstellung „Frauen in Württemberg“ in Ludwigsburg, Esslinger Zeitung 6./7. September 1997

Prof. Christel Köhle-Hezinger, Verborgen, vergessen, unerforscht, -Frauenkultur in der Kirche- Esslinger Zeitung 20./21. September 1997

Martin Winter, Amerikas Männer sollen wieder die Hosen anziehen. Die evangelikale Männerbewegung „Promise Keepers“, Stuttgarter Zeitung 9. Oktober 1997

Selbst Pietisten sind nicht fromm genug, Bemerkungen zum Heimatkirchentag der Rußlanddeutschen in Heilbronn, Stuttgarter Zeitung 3. September 1997

Rosemarie Wildermuth, Justinus Kerners Briefwechsel mit Ottilie Wildermuth, Lithos Verlag 1996

Bauer, Jooß, Schleuning, Unser Land Baden-Württemberg, Theiss Verlag 1986

Rinker / Setzler, Die Geschichte Baden-Württembergs, Theiss 1987

Otto Borst, Württemberg und seine Herren, Bechtle 1988

Christian Gottlob Barth, Geschichte von Württemberg, Edition Erdmann im Thienemann Verlag 1996

Günter Jerouschek, Die Hexen und ihr Prozeß, Habilitationsschrift 1992

Max Krakauer, Lichter im Dunkeln, Fluchtbericht 1943-1945

Paul Sauer, Die Schicksale der jüdischen Bürger Baden-Württembergs 1933-1945, Staatl. Archivverwaltung Band 20, 1969

Maria Zelzer, Stuttgart unterm Hakenkreuz, Alekton 1983

Esslingen – von Weimar bis Bonn, Thorbecke 1991

Geschwister Lutz, Zeitschrift des Keren Kayemeth Lisrael, Nr. VIII, Jerusalem 1989, S. 14

Ernst Paul, Böhmen ist mein Heimatland, Verlag Die Brücke, 1974

Emil Franzel, Die Vertreibung / Sudetenland 1945/46, Aufstieg Verlag Landshut

Fritz, Hövelborn, Küenzlen
Persönlichkeiten an Rems und Murr durch die Jahrhunderte,
Kreissparkasse Waiblingen

Willi A. Boelcke, Millionäre in Württemberg, DVA 1997

Festschrift des FV 1911 Plochingen zum 75. Jubiläum 1986

Jahrhundertfeier 1927 des 1. Deutschen Liederfestes in Plochingen,
Festschrift 1927

Otto Wurster, Plochingen, Stadtverwaltung Plochingen 1949

Manfred Reiner, Das Ende des Dritten Reichs in Plochingen, Wegspuren 33, 1995

Derselbe, Herberge zum Schwarzen Bären, Wegspuren 26, 1991

Derselbe, Die Gedichte des Schmiedemeisters Karl Frasch, Wegspuren 29, 1992

Derselbe, Geschichten ums Plochinger Käppele, Wegspuren 30, 1933

Derselbe, Die Leute vom Grafschen Haus, Wegspuren 4, 1987

Bild-und Foto-Nachweis

Alfred Assmann 36, 46, 111, 118

Albert Bihl 104

Bundesarchiv Koblenz 92

Ulrich Dehli 113

Siegfried Driess 4, 27, 121, 125, 126 o, 127 li, 128 m, 128 u, 130 li, 131 o, 134 li, 135 u, 136 r, 137 o, 137 u, 138

Siegfried Driess Archiv 1, 9, 11, 25, 43, 51, 76, 78, 79, 80, 81, 100, 122 o, 123 m, 125 li

Heiner Eisenhardt 111 u, 115

Oskar Erhardt 39

Endriß-Brauerei-Archiv 68 o, 71, 73

Esslinger Zeitung 14, 24

Karl Frasch 106

Waltraud Frensch 126 r

Lore Heilemann 136

Margarethe Jesinger 131

Kaatsch GmbH Archiv 119, 120

Kath. Kirchengemeinde Archiv 130, 131

Dietmar Pleil 50 u, 136

Manfred Reiner Archiv 8, 9, 12, 15, 16, 17, 19, 20, 21, 22, 23, 26, 30, 32, 34, 46, 48, 49, 56, 58, 63, 64, 65, 70, 77, 87, 103, 104 u, 118, 122 u, 123 o, 124, 127 m, 128 o, 130 o

Karl-Heinz Spitzbarth Archiv 123, 127

Stadtarchiv Plochingen 18, 40, 41, 42, 50, 55, 60, 62, 68 u, 72, 75, 76, 89, 107, 130 r

Turnverein Plochingen Archiv 132, 133, 134

Martin Zimmermann 109, 113, 139

Kurt Zulic 108

Wir danken folgenden Personen, die uns Bildmaterial zur Verfügung gestellt haben:

Ottilie Baikhardt, Walter Baum, Margarete Blümlein, Diakonissen Mutterhaus, Margarete Eichhorn, Manfred Fischer, Otti Focke, Inge Gau, Christine Gessert, Hans Hepp, Johanniterstift, Hermine Keibl, Ruth Krusch, Susanne Kübler, Fam. Laccorn, Dr. Adolf Lieb, Hilde Löffler, Sabine Nesselmann, Ines Maier, Dr. Erika Mayer, Günther Mayer, Ruth Lorch, Dr. Werner Nowak, Dr. Rosemarie Nußbaum, Edith Nusser, Paul-Gerhardt-Gemeinde, Christel Raisch, Jutta Schmidt, Otto Stuber, Tennisgesellschaft Plochingen, Walter Trick, Dr. Siegfried Veil, Elisabeth Vetter, Johanna Würch, Lieselotte Zimmermann

Sachregister

Plochinger Wegspuren von Manfred Reiner

PLOCHINGER WEGSPUREN

Band 1

MANFRED REINER

PLOCHINGEN UND DER NECKAR

Zweite Auflage
mit Anhang: Landesgartenschau

PLOCHINGER WEGSPUREN

Band 2

MANFRED REINER

ZU FUSS DURCH PLOCHINGEN
RUNDGÄNGE ZU KUNST UND GESCHICHTE

1146 - 1996
850 JAHRE PLOCHINGEN

PLOCHINGER WEGSPUREN

Band 3

MANFRED REINER

BAUEN UND WOHNEN IN PLOCHINGEN
VON DER STEINZEIT BIS HEUTE

PLOCHINGER WEGSPUREN

Band 4

MANFRED REINER

NÄHERES ÜBER DEN PLOCHINGER DURST

Die Reihe wird fortgesetzt

Herba-Verlag Plochingen